Cucina a Microonde

Creatività Culinaria a Velocità della Luce

Martina Ricci

Contenuto

paella	13
Paella con pimento	14
Polli Amandine	15
Amandini di pollo con pomodorini e basilico	16
allevamento di polli	17
Pollo in salsa di panna con sedano	18
Pollo in salsa di panna con patate fritte	18
Pollo reale	19
Re di Turchia	20
Pollo reale al formaggio	20
Abbreviazioni di pollo alla King	20
Fegato di pollo più magro	21
Sopracciglia al fegato di tacchino di Slimmers	22
Tetrazzini di pollo	23
Casseruola con pollo e verdure miste	24
Pollo al miele con riso	25
Pollo al lime in salsa bianca al rum	26
Pollo all'arancia in salsa al cognac	27
Pasta baby con cosce in salsa barbecue	28
Pollo in salsa talpa messicana	28
Alette di pollo in salsa barbecue con pasta per bambini	30
Pollo Jambalaya	30

Jambalaya turco 32
Pollo alle castagne 33
Pollo Gumbo 34
Gumbo di tacchino 36
Petto di pollo morbido all'arancia marrone 36
Pollo con salsa cremosa alla paprika 37
Tacchino in salsa cremosa alla paprika 38
Pollo della foresta 39
Pollo con mele e uvetta 40
Pollo con pere e uvetta 41
Pollo al pompelmo 42
Miscela ungherese di pollo e verdure 43
Pollo alla borgognona 44
Pollo fresco 46
Pollo Frixi al vino 47
Il pollo definitivo 47
Coq au Vin 48
vino ai funghi 49
È disponibile anche la Coca Cola 49
Tamburi sul ponte incorporati 49
Sono cacciatori di polli 50
Insegui il pollo 52
Pollo Marengo 52
Pollo del giorno 52
Capitano 53
Pollo in salsa di pomodori e capperi 55
Pollo alla paprika 57

Sfumature di galline orientali 59
Il nostro Goreng 61
Bistecca di tacchino 62
Spagna Turchia 63
Tacos di tacchino 64
Tacos di frittelle 66
Pane di tacchino 66
Curry di tacchino di Madras 67
Curry di frutta con frutta 68
Torta di pane e burro al tacchino 69
Tacchino e riso ripieno 71
Castagna Di Tacchino Glassata All'Arancia 72
anatra in agrodolce 73
Anatra cantonese 74
Anatra con salsa all'arancia 75
Anatra in francese 77
Arrostire ossa e arrostire pezzi di carne 80
Maiale in agrodolce con arancia e lime 81
La carne è carne 82
Tacchino quadrato e salsiccia 83
Condire il filetto di maiale 83
Anello hawaiano con carne di maiale e ananas 84
Casseruola hawaiana con pancetta e ananas 85
Prosciutto di Natale 86
Castello di Gammon in vetro 87
Paella con salame spagnolo 88
Polpette alla svizzera 88

Arrosto di maiale con biscotti 89

Arrosto di maiale al miele 90

Maiale con cavolo rosso 90

Maiale alla rumena 91

Un piatto di carne di maiale e verdure 92

Maiale al peperoncino 94

Maiale con chutney e mandarino 95

Costolette alla griglia. 96

Cicoria avvolta nel prosciutto in salsa di formaggio 97

Costolette di maiale in salsa barbecue all'arancia 99

Budino di bistecca e funghi 100

Budino di bistecca e rognone 101

Budino di bistecca e castagne 102

Zuppa di noci tostate e salate 102

"Torta di carne" dal Sud America 102

"Tortino di carne" brasiliano con uova e olive 103

Panino di Ruben 103

manzo alla Chow Mein 104

La carneficina di Sue 104

Godetevi le melanzane e il manzo 104

Patè di curry 106

Polpette italiane 107

Gnocchi veloci alla paprika 108

Bistecca alle erbe 109

Bistecca di ceci alla malese con cocco 110

Rotolo veloce di bistecca e maionese 111

Bistecca in umido al vino rosso 112

Acqua liscia *114*

    Viene marinato in una miscela di verdure, pomodori ed erbe aromatiche *115*

Salsa Tahini di melanzane mediorientale *116*

Mandorle turche *117*

Immersione greca *118*

Palude di Cau *119*

Arrivederci *120*

Funghi cocktail salati *122*

Melanzane fritte ripiene di uovo e pinoli *123*

Fungo greco *124*

Vinaigrette ai carciofi *125*

Insalata Cesare *126*

Cicoria olandese con uova e burro *127*

Maionese con uova *128*

Uovo Skordalia con maionese *129*

Beccaccia scozzese *130*

Uova con maionese svedese *131*

Insalata di fagioli turchi *132*

Insalata di fagioli con uova *133*

Consigli sull'erba *134*

Piatti *135*

Uova strapazzate fritte con avocado *136*

Avocado ripieno di pomodoro e formaggio *137*

Insalata scandinava con panini e mele *137*

Mop con salsa al curry e insalata di mele *139*

Insalata con formaggio di capra e condimento caldo *140*

Gelato al pomodoro gelatinoso 141
Pomodori ripieni 142
Pomodori ripieni italiani 143
Coppe per insalata di pomodoro e pollo 144
Uovo e cipolla tritata 145
Quiche Lorraine 146
Formaggio e pomodoro 148
Mescolare con salmone affumicato 148
La crêpe è corta 148
spinaci 148
mar Mediterraneo 149
Quiche con asparagi 150
Noce rotta 151
Noci con curry brasiliano 152
Formaggio blu e noci pecan 153
Fegato ricco 155
Zuppa di granchio calda e acida 156
Zuppa orientale leggera 158
Zuppa di fegato 159
Zuppa cremosa di carote 160
Zuppa fredda di carote e avena 161
Zuppa di carota e coriandolo 162
Carote con zuppa di arancia 162
Zuppa di insalata cremosa 163
Zuppa di zuppa verde 164
Zuppa di prezzemolo con wasabi 165
Zuppa di patate dolci 165

Zuppa di crema di verdure 166
Zuppa di piselli 167
Zuppa di zucca 167
Zuppa di crema di funghi 167
Vellutata di zucca 168
zuppa di cocco 169
Zuppa, zuppa 169
Zuppa israeliana con pollo e avocado 170
Zuppa di avocado con carne cruda 171
minestra 171
Borscht freddo 172
Borscht freddo freddo 173
Zuppa di mais all'arancia 174
Zuppa di mais all'arancia con formaggio e anacardi tostati 175
zuppa di mais con contorno di pomodoro 175
Zuppa Di Piselli Gialli 176
zuppa di cipolle francese 177
Zuppa di verdure italiana 178
Minestrone Genovese 179
Zuppa di patate all'italiana 180
Zuppa di pomodoro fresco e sedano 181
zuppa di pomodoro con salsa di avocado 182
Zuppa fredda di formaggio e cipolle 183
Zuppa di formaggio svizzero 184
Zuppa Avgolemono 185
Zuppa cremosa di cetrioli con pastis 186
Zuppa di curry con riso 187

Salsa Vichy 188
Zuppa fredda di cetrioli con yogurt 189
Zuppa fredda di spinaci con yogurt 190
Zuppa di pomodoro fredda con sceriffo 191
Canna del New England 192
zuppa di granchio 193
Zuppa di granchio e limone 194
Crackers di aragosta 194
Zuppa di pacchetti secchi 194
Zuppe in scatola 195
Riscaldare le zuppe 195
Scaldare le uova per cucinare 195
L'ha fritto 196
Uova sode (fritte). 197
Parata delle pipe 198
Paprica con prosciutto 199
Parata delle pipe 199
Uova alla fiorentina 200
Uova Rossiniane 201
SÌ 201
Una frittata classica 203
Frittate deliziose 204
Frittata per colazione 205
Uova in camicia con formaggio fuso 206
Uova di Benedek 206
La frittata di Arnold Bennett 207
Tortilla 208

Frittata spagnola con verdure miste 209
Frittata spagnola con prosciutto 210
Uova al formaggio in salsa di sedano 210
Fu unung uova 211
Frittata con pizza 212
Frittata con latte 212
Sta prendendo in giro Eric 213
Kipper bollito 214
Gamberetti Madrasah 215
Il Martini è cotto con salsa 217

paella

Porta 6

1 kg di petto di pollo disossato
30 ml/2 cucchiai di olio d'oliva
2 cipolle, tritate
2 spicchi d'aglio, tritati finemente
1 peperone verde (olio), senza semi e tritato
225 g/8 once/1 tazza di riso per risotti
1 bustina di zafferano in polvere oppure 5 ml/1 cucchiaino di curcuma
175 g/1 tazza e ½ di ceci surgelati
4 pomodori pelati e senza semi
225 g di cozze bollite
75 g / 3 oz / ¾ tazza di prosciutto fritto tritato
125 g / 4 oz / 1 tazza di gamberi sgusciati (corti)
600 ml/1 porzione/2 tazze e mezzo di acqua bollente
7,5-10 ml / 1½ - 2 cucchiai di sale
Aggiungete le vongole cotte, le vongole lessate e gli spicchi di limone per guarnire

Disporre il pollo sul bordo di una pirofila da 25 cm/10 di diametro (forno olandese) praticando un buco al centro. Coprire con pellicola (di plastica) per far uscire il vapore e tagliare a metà. Cuocere per 15 minuti. Filtrare il liquido e mettere da parte. Dividere il pollo. Lavare e asciugare il piatto. Aggiungere l'olio nella padella e scaldare per 1 minuto. Mescolare la cipolla, l'aglio e il peperone verde. Cuocere a fuoco pieno per 4 minuti. Aggiungere tutti gli altri ingredienti, compreso il pollo e il liquore messo da parte, e mescolare bene. Coprire come prima e cuocere per 20 minuti interi, ruotando la teglia tre volte. Lasciare in forno per 10 minuti, poi cuocere per altri 5 minuti. Coprire con cozze, vongole e quarti di limone e guarnire.

Paella con pimento

Porta 6

Preparare la paella, le conchiglie e altri frutti di mare, se lo si desidera, e guarnire con spicchi di limone e una confezione da 200 g di pimiento corto a fette e altri ceci.

Polli Amandine

Ne indossi 4

Ricetta dei tradizionali biscotti di pasta frolla nordamericani.

4 polli da carne (polli), circa 450 g/1 libbra ciascuno
Zuppa di funghi concentrata da 300 ml/10 fl oz/1 lattina
150 ml/¼ pt/2/3 tazza di sherry medio secco
1 cipolla aglio, schiacciata
90 ml / 6 cucchiai di mandorle a scaglie tostate (a fette).
175 g/6 once/¾ tazza di riso integrale, cotto
broccoli

Metti la zuppa con il petto rivolto verso il basso in un unico strato in una ciotola grande, profonda e adatta al microonde. Coprire con pellicola (di plastica) per far uscire il vapore e tagliare a metà. Cuocere per 25 minuti, girando la padella quattro volte. Ora gira il pollo con il petto rivolto verso l'alto. Sfumare il brodo di sherry e l'eventuale brodo di pollo. Mescolare l'aglio. Versare sopra il pollo. Coprite come prima e fate cuocere per 15 minuti, girando la padella tre volte. Lasciare riposare per 5 minuti. Disporre il pollo su piatti caldi e versarvi sopra la salsa. Cospargere di mandorle, servire con riso e broccoli.

Amandini di pollo con pomodorini e basilico

Ne indossi 4

Prepara il pollo Amandin, ma sostituisci il brodo di funghi con concentrato di pomodoro e marsala sherry. A fine cottura aggiungere 6 foglie di basilico spezzettate.

allevamento di polli

Ne indossi 4

Un'altra semplice specialità nordamericana, solitamente a base di broccoli.

1 broccolo grande, cotto

25 g / 1 oz / 2 cucchiai di burro o margarina

45 ml/3 cucchiai di farina semplice (per tutti gli usi).

150 ml/¼ pt./2/3 tazza di brodo di pollo caldo

150 ml/¼ cucchiaino/2/3 tazza di panna (leggera).

50 g/½ tazza di formaggio Leicester rosso, grattugiato

30 ml/2 cucchiai di vino bianco secco

5 ml/1 porzione di senape delicata

225 g/8 oz/2 tazze di pollo cotto, tagliato a pezzi

Sale

arachidi

45 ml/3 cucchiai di parmigiano grattugiato

Pepe

Tagliare i broccoli in cimette e disporli in una pirofila da 25 cm di diametro leggermente unta. Scaldare il burro o la margarina in una padella separata fino all'ebollizione per 45-60 secondi. Mescolare e versare lentamente la zuppa calda e la panna. Cuocere per 4-5 minuti, mescolando ogni minuto, finché non si addensa e si addensa. Aggiungere il Red Leicester, il vino, la senape e il pollo. Aggiungere sale e noce moscata a piacere. Versare la salsa sui broccoli. Cospargere con parmigiano e paprika. Coprire con pellicola (di plastica) per far uscire il vapore e tagliare a metà. Riscaldare l'impasto per 8-10 minuti finché non si scioglie.

Pollo in salsa di panna con sedano

Ne indossi 4

Preparate una tartina con il pollo, ma sostituite i broccoli con 400 g di cuori di sedano grandi. (Il liquido nella bottiglia può essere utilizzato anche per altre ricette.)

Pollo in salsa di panna con patate fritte

Ne indossi 4

Preparalo come un sandwich al pollo, ma con sopra formaggio e paprika. Invece, cospargere 1 bustina di patatine tritate.

Pollo reale

Ne indossi 4

Un'altra importazione americana e un modo innovativo per utilizzare il pollo avanzato.

40 g / 1½ oz / 3 cucchiai di burro o margarina
40 g / 1½ oz / 1½ cucchiaio di farina (per tutti gli usi).
300 ml/½ cucchiaino/1¼ tazza di brodo di pollo caldo
60 ml / 4 cucchiai di panna doppia (densa).
1 lattina di peperoncino rosso, tagliato a fettine sottili
200 g/7 once/prezzo 1 tazza di funghi in scatola affettati, sgocciolati
Sale e pepe nero appena macinato
350 g / 12 oz / 2 tazze di pollo cotto, tagliato a pezzi
15 ml/1 cucchiaio di sherry medio secco
Toast fresco da servire

Metti il burro o la margarina in una casseruola da 1,5 quarti/2½ quarti/6 tazze (forno olandese). Scaldare in forno scoperto per 1 minuto. Sbattere la farina, quindi mescolare gradualmente la zuppa e la panna. Far bollire a fuoco vivace per 5-6 minuti finché non si addensa, mescolando ogni minuto. Aggiungere tutti gli altri ingredienti e mescolare bene. Coprire con un piatto e scaldare per massimo 3 minuti. Lasciare riposare il toast per 3 minuti prima di servire.

Re di Turchia

Ne indossi 4

Preparalo come il Chicken à la King (sopra), ma sostituisci il pollo con il tacchino cotto.

Pollo reale al formaggio

Ne indossi 4

Prepara il pollo à la King (sopra), ma dopo averlo riscaldato per 3 minuti, cospargilo con 125 g/1 tazza di formaggio Leicester rosso grattugiato. Scaldare a fuoco pieno per altri 1-1,5 minuti finché il formaggio non si scioglie.

Abbreviazioni di pollo alla King

Ne indossi 4

Facciamo il pollo alla King. Prima di servire, coprire 4 grandi cracker semplici o al formaggio e posizionare il fondo su quattro piatti caldi. Coprire con il composto di pollo e coprire. Mangia caldo.

Fegato di pollo più magro

Ne indossi 4

Una portata principale a basso contenuto di grassi e di amido con broccoli o cavoli al posto delle patate.

15 ml/1 cucchiaio di olio d'oliva o olio di semi di girasole
1 peperone rosso (senza semi e tagliato a fettine sottili)
1 carota grande, affettata sottilmente
1 cipolla rossa grande, affettata sottilmente
2 grandi gambi di sedano, tagliati diagonalmente a fettine sottili
450 g di fegatini di pollo tagliati a pezzetti
10 ml/2 porzioni di farina di mais (farina di mais)
4 pomodori grandi, pelati, privati del torsolo e tagliati grossolanamente
Sale e pepe nero appena macinato

Metti il burro in una pentola da 1,75 qt / 3 pt / 7½ tazze (forno olandese). Unire le verdure preparate e cuocere, senza coperchio, a fuoco vivace per 5 minuti, mescolando due volte. Aggiungere il fegato alle verdure e cuocere ad alta velocità per 3 minuti, mescolando di tanto in tanto. Aggiungere il mais, i pomodori e le spezie a piacere. Coprire con pellicola (di plastica) per far uscire il vapore e tagliare a metà. Cuocere per 6 minuti, girando una volta.

Sopracciglia al fegato di tacchino di Slimmers

Ne indossi 4

Preparati a preparare i slimer di fegato di pollo, ma sostituisci il fegato di pollo con il fegato di tacchino.

Tetrazzini di pollo

Ne indossi 4

175 g/1 tazza e ½ di pasta, corta

300 ml/10 fl oz/1 lattina di crema condensata di zuppa di pollo o funghi

150 ml/¼ pt./2/3 tazza di latte

225 g di funghi a fette

350 g / 12 oz / 2 tazze di pollo cotto freddo, tagliato a pezzi

15 ml/1 cucchiaio di succo di limone

50 g/2 once/¾ tazza di mandorle a scaglie (a fette).

1,5 ml/¼ cucchiaino di arachidi

75 g / 3 once / ¾ tazza di formaggio cheddar, grattugiato finemente

Cuocere la pasta secondo le istruzioni riportate sulla confezione. Disegnare. Versare la zuppa in una teglia unta da 1,75 quarti/3 quarti/7½ tazze. Il latte deve essere bollito. Cuocere fino a quando diventa caldo e leggermente gorgogliante, circa 5-6 minuti. Mescolare tutti gli ingredienti tranne i maccheroni e il formaggio. Coprire con pellicola (di plastica) per far uscire il vapore e tagliare a metà. Cuocere per 12 minuti, girando la padella tre volte. Cospargere con formaggio e cospargere. Griglia calda normale (griglia).

Casseruola con pollo e verdure miste

Ne indossi 4

4 grandi patate al forno, tagliate a fette sottili
3 carote bollite tagliate a fette sottili
125 g/1 tazza di ceci cotti
125 g/4 oz/1 tazza di mais dolce cotto
4 pezzi di pollo da 225 g ciascuno, con pelle
300 ml/10 fl oz/1 lattina di crema condensata di sedano o altro aroma
45 ml / 3 cucchiai di sherry medio secco
30 ml/2 cucchiai di panna (light).
1,5 ml / ¼ cucchiaio di noci grattugiate
75 g/3 once/1¼ tazze di mais, macinato grossolanamente

Disporre le fette di patate e carote sul fondo di una pirofila profonda e imburrata, del diametro di 25 cm/10 cm. Aggiungere i ceci e il latte condensato zuccherato, quindi aggiungere il pollo. Coprire con pellicola (di plastica) per far uscire il vapore e tagliare a metà. Cuocere a fuoco alto per 8 minuti, girando la padella quattro volte. Sbattere la zuppa con il resto degli ingredienti, esclusi i cornflakes. Mettilo sopra il pollo. Coprite come prima e fate cuocere per 11 minuti, girando la padella due volte. Lasciare riposare per 5 minuti. Poco prima di servire, coprire e cospargere il mais.

Pollo al miele con riso

Ne indossi 4

25 g / 1 oz / 2 cucchiai di burro o margarina
1 cipolla grande, tritata finemente
6 pezzi di maiale stirato (tagliati a fette), tritati finemente
75 g/3 once/1/3 tazza di riso a grani lunghi leggermente cotto
300 ml/½ cucchiaino/1¼ tazza di brodo di pollo caldo
Il nuovo posto è pepe nero
4 petti di pollo, 175 g/6 once ciascuno
Buccia e succo di 1 arancia grattugiati finemente
30 ml / 2 cucchiai di miele puro scuro
5 ml/1 porzione di paprika
5 ml/1 porzione di salsa Worcestershire

Mettete il burro o la margarina in una padella profonda 20 cm/8 cm e accendete il fuoco per 1 minuto. Mescolare con cipolla, maiale, riso, zuppa e pepe a piacere. Posiziona il cerchio sopra il pollo. Mescolare insieme la scorza e il succo d'arancia, il miele, la paprika e la salsa Worcestershire. Metti da parte metà del pollo. Coprire con pellicola (di plastica) per far uscire il vapore e tagliare a metà. Cuocere per 9 minuti, girando la pentola tre volte. ricerca. Spennellare il pollo con la miscela di miele rimanente. Cuocere a fuoco pieno per 5 minuti. Lasciare riposare per 3 minuti prima di servire.

Pollo al lime in salsa bianca al rum

Ne indossi 4

25 g / 1 oz / 2 cucchiai di burro o margarina
10 ml/2 cucchiai di olio di mais o di girasole
1 porro, affettato molto sottilmente
1 cipolla aglio, schiacciata
75 g / 3 oz / ¾ tazza di prosciutto pulito, tritato finemente
675 g di petto di pollo piccolo, tagliato a pezzetti
3 pomodori pelati, privati del torsolo e tagliati grossolanamente
30 ml/2 cucchiai di rum bianco
5 cm/2 in strisce di scorza di limone
1 succo di arancia dolce
Sale
150 ml/¼ pt/2/3 tazza di yogurt bianco
contenitore (facoltativo)

Mettere il burro o la margarina e l'olio in una teglia da 23 cm (forno olandese). Accendi il fuoco per 1 minuto. Mescolare la cipolla, l'aglio e la farina. Mescolare due volte e cuocere a fuoco pieno per 4 minuti. Mescolare il pollo. Coprire con un piatto e cuocere per 7 minuti, girando il piatto due volte. Aggiungere tutti gli ingredienti tranne lo yogurt e l'acqua, se utilizzati. Coprire con pellicola (di plastica) per far uscire il vapore e tagliare a metà. Cuocere a fuoco alto per 8 minuti, girando la padella quattro volte. ricerca. Mescolare lo yogurt con un po' di liquido e versarlo sul pollo fino ad ottenere un composto liscio e cremoso. Scaldare per 1 minuto e mezzo. Scartare la scorza di limone. Decorato con tanka,

Pollo all'arancia in salsa al cognac

Ne indossi 4

Preparate la stessa ricetta del pollo con salsa bianca al rum e lime, ma sostituite il brandy con rum e spicchi di lime. Utilizzare 60 ml/4 cucchiai di ginger ale al posto del succo d'arancia.

Pasta baby con cosce in salsa barbecue

Ne indossi 4

900 g/2 libbre di cosce di pollo
2 cipolle, tritate
2 cipolle, tritate
30 ml/2 cucchiai di senape
2,5 ml/½ cucchiaino di paprika
5 ml/1 porzione di salsa Worcestershire
400 g / 14 oz / 1 pomodoro grande, tagliato nel succo di pomodoro
125 g/1 tazza di pasta piccola
7,5 ml / 1½ cucchiaio di sale

In un piatto fondo da 25 cm/10 di diametro, disporre gli ossi verso il centro come un cerchio di bacchette. Coprire con pellicola (di plastica) per far uscire il vapore e tagliare a metà. Cuocere ad alta temperatura per 8 minuti, girando la padella tre volte. Nel frattempo mettete le verdure in una ciotola e mescolate gli altri ingredienti. Togli il pollo dal microonde e versa i succhi di pollo nel composto di verdure. Mescolare bene. Cucchiaio dopo cucchiaio. Coprite come prima e fate cuocere per 15 minuti, girando la padella tre volte. Mettere da parte per 5 minuti prima di servire.

Pollo in salsa talpa messicana

Ne indossi 4

4 petti di pollo, 175 g/6 once ciascuno, con la pelle

30 ml/2 cucchiai di olio di mais

1 cipolla rossa grande, affettata sottilmente

1 peperone verde (olio), senza semi e tritato

1 cipolla aglio, schiacciata

30 ml/2 cucchiai di farina semplice (per tutti gli usi).

3 granchi

1 foglia di rapa

2,5 ml/cucchiaio di cannella in polvere

5 ml/1 dose di sale

150 ml/¼ pt/2/3 tazza di succo di pomodoro

50 g/2 oz/½ tazza di cioccolato fondente (semidolce), tagliato a pezzetti

175 g/6 once/¾ tazza di riso a grani lunghi cotto

15 ml/1 cucchiaio di olio all'aglio

Disporre il pollo in una ciotola profonda 20 cm. Coprire con un foglio di alluminio (plastica) per consentire la fuoriuscita del vapore e tagliare a metà. Portare a ebollizione completa per 6 minuti. Metti da parte mentre prepari la salsa. In una padella separata, scaldare il burro non salato per 1 minuto. Mescolare la cipolla, il peperone verde e l'aglio. Mescolare due volte e cuocere a fuoco pieno per 3 minuti. Aggiungete la farina, poi il sedano, l'alloro, la cannella, il sale e il succo di pomodoro. Cuocere a fuoco vivace per 4 minuti, mescolando ogni minuto. Togliere dal microonde. Aggiungere il cioccolato e mescolare bene. Cuocere a fuoco alto per 30 secondi. Togliere il pollo e versarvi sopra la salsa piccante. Coprire come prima e cuocere per 8 minuti interi. Lasciare riposare per 5 minuti. Servire con riso e olio all'aglio.

Alette di pollo in salsa barbecue con pasta per bambini

Ne indossi 4

Prepara le cosce nella salsa per la zuppa di noodle, ma sostituisci le ali di pollo.

Pollo Jambalaya

3-4 pasti

Uno spezzatino della Louisiana, questo delizioso piatto di riso e pollo è un parente della paella.

2 petti di pollo
50 g di burro o margarina
2 cipolle grandi, tritate finemente
1 peperone rosso (olio), senza semi e tritato
4 cipolle, tritate finemente
2 spicchi d'aglio, tritati finemente
225 g/8 oz/1 tazza di riso a grani lunghi leggermente cotto
400 g / 14 oz / 1 pomodoro grande, tagliato nel succo di pomodoro
10-15 ml/2-3 cucchiai di sale

Disporre il pollo accanto a un piatto profondo 25 cm. Coprire con un foglio di alluminio (plastica) per consentire la fuoriuscita del vapore e tagliare a metà. Portare a ebollizione completamente per 7 minuti. Lasciare agire per 2 minuti. Trasferire il pollo in un piatto e affettare . Versare il sugo di pollo nella pentola e mettere da parte. Lavare e asciugare la padella, aggiungere l'olio e lasciarlo sciogliere a fuoco alto per 1,5 minuti. Mescolare con il liquido messo da parte, il pollo, le verdure preparate, l'aglio, il riso e i pomodori . Condire . aggiustare di sale, coprire come prima e cuocere a fuoco pieno per 20-25 minuti finché i chicchi di riso non saranno asciutti e assorbiranno l'umidità, mettere da parte per 5 minuti, mescolare con una forchetta e servire subito.

Jambalaya turco

3-4 pasti

Preparalo come il pollo Jambalaya, ma sostituisci il tacchino con il pollo.

Pollo alle castagne

Ne indossi 4

25 g / 1 oz / 2 cucchiai di burro o margarina
2 cipolle grandi, sbucciate e grattugiate
430 g/15 once/1 purea di castagne grande non zuccherata
2,5 ml/cucchiaino di sale
4 petti di pollo senza pelle e disossati, 175 g ciascuno
3 pomodori frullati, pelati e affettati
30 ml/2 cucchiai di prezzemolo tritato
Servire con cavolo rosso e patate lesse

Mettere il burro o la margarina in una ciotola profonda 20 cm/8 cm, quindi lasciare sciogliere l'impasto entro 1,5 minuti dall'apertura. Mescolare con la cipolla. Cuocere a fuoco pieno per 4 minuti. Aggiungete un cucchiaio di purea di castagne e sale, mescolate bene e amalgamate bene con la cipolla. Stendere uno strato uniforme sul fondo della pirofila e adagiarvi sopra il petto di pollo, fino al bordo della pirofila. Decorare con fette di pomodoro e prezzemolo. Coprire con pellicola (di plastica) per far uscire il vapore e tagliare a metà. Cuocere per 15 minuti, girando la pentola tre volte. Lasciare agire per 4 minuti. Servire con cavolo rosso e patate.

Pollo Gumbo

Porta 6

Una miscela di zuppa e stufato, il gumbo è un alimento di conforto del sud e una delle esportazioni più importanti della Louisiana. I piatti principali includono gombo (dito di dama) e crauti, verdure dolci, spezie, brodo e pollo.

50 g/2 once/¼ tazza di burro
50 g/2 once/½ tazza di farina semplice (per tutti gli usi).
900 ml / 1½ pezzi / 3¾ tazze di brodo caldo
350 g / 12 once di gombo (dito di dama), con e senza coda
2 cipolle grandi, affettate sottilmente
2 spicchi d'aglio, tritati finemente
2 gambi di sedano grandi, tagliati a fettine sottili
1 peperone verde (olio), senza semi e tritato
15-20 ml / 3-4 cucchiai di sale
10 ml / 2 cucchiai di coriandolo (coriandolo)
5 ml/1 porzione di curcuma
- Universale 5-10 ml / 1-2 cucchiai
30 ml/2 cucchiai di succo di limone
2 rotoli di carta
5-10 ml / 1-2 cucchiai di salsa di peperoncino
450 g/1 lb/4 tazze di pollo cotto a pezzi
175 g/6 once/¾ tazza di riso a grani lunghi cotto

Metti il burro in una casseruola da 2,5 quarti/4½ quarti/11 tazze (forno olandese). Accendi il fuoco per 2 minuti. mescolare. Cuocere per 7 minuti, mescolando ogni minuto, fino a quando i biscotti saranno ben ammorbiditi e di colore marrone chiaro. Versare poco alla volta il brodo caldo. Tagliare ciascun gombo in otto pezzi e aggiungerli nella pentola con tutti gli ingredienti tranne il pollo e il riso. Coprire con pellicola (di plastica) per far uscire il vapore e tagliare a metà. Cuocere per 15 minuti. Mescolare il pollo. Coprire come prima e cuocere per 15 minuti interi. Lasciare riposare per 5 minuti. Mescolare le ciotole con la zuppa e mettere da parte. A ciascuno aggiungere un pezzo di riso.

Gumbo di tacchino

Porta 6

Preparalo come il Chicken Gumbo, ma sostituisci il tacchino cotto.

Petto di pollo morbido all'arancia marrone

Ne indossi 4

60 ml/4 cucchiai di marmellata di arance (in scatola) o marmellata tritata finemente
15 ml/1 cucchiaio di aceto di malto
15 ml/1 cucchiaio di salsa di soia
1 cipolla aglio, schiacciata
2,5 ml/cucchiaio di zenzero macinato
7,5 ml / 1½ cucchiaio di amido di mais (mais)
4 pezzi da 200 g di petto di pollo con pelle
Cibo cinese cucinato

Mescolare tutti gli ingredienti tranne il pollo e il pangrattato in una piccola ciotola. Calore completo e non aperto per 50 secondi. Disporre i petti di pollo in una pirofila da 20 cm di diametro/8 cm di profondità. Aggiungere metà dell'impasto. Coprire con una placca e cuocere per 8 minuti, girando la placca due volte. Girare i petti e spennellare con l'olio rimanente. Coprire come prima e cuocere per altri 8 minuti. Lasciare riposare per 4 minuti, quindi servire con cibo cinese.

Pollo con salsa cremosa alla paprika

Porta 6

25 g / 1 oz / 2 cucchiai di burro o margarina
1 cipolla piccola, affettata sottilmente
4 petti di pollo
15 ml/1 cucchiaio di farina di mais (amido di mais)
30 ml/2 cucchiai di acqua fredda
15 ml / 1 cucchiaio di concentrato di pomodoro (pasta)
20-30 ml / 4-6 cucchiai di peperone verde del Madagascar in bottiglia o in scatola
150 ml / ¼ pt / 2/3 tazza di panna (latte).
5 ml/1 dose di sale
275 g/10 once/1¼ tazze di riso a grani lunghi cotto

Mettere il burro o la margarina in una ciotola profonda 20 cm per 45-60 secondi, non sciolto e non aperto. Aggiungi la cipolla. Cuocere a fuoco pieno per 2 minuti. Tagliare il petto di pollo a strisce larghe 2,5 cm lungo la fibra. Mescolare bene con il burro e la cipolla. Coprire con pellicola (di plastica) per far uscire il vapore e tagliare a metà. Cuocere per 6 minuti, girando la pentola tre volte. Nel frattempo, mescolare accuratamente il mais con l'acqua fredda. Mescolare il resto degli ingredienti tranne il riso. Incorporate il pollo e la cipolla, spingendo il composto verso i bordi del piatto, lasciando spazio al centro. Coprite come prima e fate cuocere per 8 minuti, girando la padella quattro volte. Lasciare agire per 4 minuti. Mescolare con il riso prima di servire.

Tacchino in salsa cremosa alla paprika

Porta 6

Preparatelo con la stessa salsa di panna e peperoni del pollo, ma sostituite il pollo con il tacchino.

Pollo della foresta

Ne indossi 4

4 quarti di pollo senza pelle, 225 g/8 once ciascuno
30 ml/2 cucchiai di olio di mais o di girasole
175 g/6 once di lombo di maiale magro (a dadini), a fette
1 cipolla, tritata
175 g di funghi, a fette
300 ml / ½ pezzo / 1¼ tazza di pomodori secchi (passata)
15 ml/1 cucchiaio di aceto marrone
15 ml/1 cucchiaio di succo di limone
30 ml/2 cucchiai di zucchero di canna chiaro
5 ml/1 cucchiaio di senape preparata
30 ml/2 cucchiai di salsa Worcestershire
Foglie di coriandolo tritate per guarnire

Disporre il pollo sul lato di una teglia da 25 cm (forno olandese). Coprire con pellicola (di plastica) per far uscire il vapore e tagliare a metà. Versare il brodo in un contenitore separato e scaldare senza coperchio per 1 minuto. Aggiungere la pancetta, la cipolla e i funghi. Cuocere a fuoco pieno per 5 minuti. Mescolare tutti gli altri ingredienti. Cuocere il pollo completamente coperto per 9 minuti, girandolo due volte. Coprire con il composto di verdure e decorare. Coprite come prima e fate cuocere per 10 minuti interi, girando la padella tre volte. Lasciare riposare per 5 minuti. Cospargere con coriandolo prima di servire.

Pollo con mele e uvetta

Ne indossi 4

25 g / 1 oz / 2 cucchiai di burro o margarina
900 g di cosce di pollo
2 cipolle, tritate
3 mele cola, sbucciate e senza torsolo
30 ml / 2 cucchiai di uvetta
1 spicchio d'aglio, tritato finemente
30 ml/2 cucchiai di farina semplice (per tutti gli usi).
250 ml / 8 fl oz / 1 tazza colorato
2 cubetti di manzo
2,5 ml/cucchiaino di timo secco
Sale e pepe nero appena macinato
30 ml/2 cucchiai di prezzemolo tritato

Disporre il burro o la margarina in una teglia da 25 cm (forno olandese). Aprire mentre si scioglie per 1-1,5 minuti. Aggiungi il pollo. Coprire con pellicola (di plastica) per far uscire il vapore e tagliare a metà. Cuocere per 8 minuti. Coprire e girare il pollo. Coprire come prima e cuocere per altri 7 minuti. Coprire e cospargere con cipolle, mele, uvetta e aglio. Aggiungere con cura l'aglio, quindi aggiungere le carote rimanenti. Tagliare la salsa a dadini, aggiungere la pasta e assaggiare. Versare sopra il pollo. Coprire come prima e cuocere per 8 minuti, finché il liquido non bolle e si addensa leggermente. Lasciare riposare per 5 minuti. Coprire e cospargere di prezzemolo.

Pollo con pere e uvetta

Ne indossi 4

Preparate la stessa ricetta del pollo con mele e uvetta, ma sostituite le mele con pere e sidro scuro.

Pollo al pompelmo

Ne indossi 4

2 gambi di sedano
30 ml/2 cucchiai di burro o margarina
1 cipolla grande, grattugiata finemente
4 cosce di pollo grandi, 1 kg in totale, con pelle
Farina semplice (generale).
1 pompelmo rosa
150 ml/¼ pt./2/3 bicchieri di vino bianco o rosato
30 ml / 2 cucchiai di concentrato di pomodoro (pasta)
1,5 ml/¼ cucchiaino di rosmarino essiccato
5 ml/1 dose di sale

Affettare il sedano attraverso il chicco in strisce sottili. Disporre il burro o la margarina in un piatto profondo 25 cm/10 pollici. Scongelare completamente entro 30 secondi. Mescolare la cipolla e il sedano. Cuocere per 6 minuti. Cospargere leggermente il pollo con la farina, quindi posizionarlo sul bordo della teglia. Coprire con pellicola (di plastica) per far uscire il vapore e tagliare a metà. Cuocere per 10 minuti, girando la pentola tre volte. Nel frattempo sbucciare il pompelmo e la sezione trasversale tra le membrane. Coprire il pollo e cospargere con fette di pompelmo. Bagnare il vino con il concentrato di pomodoro, il rosmarino e il sale, quindi versarlo sul pollo. Coprire come prima e cuocere per 10 minuti interi. Mettere da parte per 5 minuti prima di servire.

Miscela ungherese di pollo e verdure

Ne indossi 4

25 g / 1 oz / 2 cucchiai di olio o cipolla
2 cipolle grandi, tritate finemente
1 piccolo peperone verde (olio).
3 carote piccole (blu), affettate sottilmente
450 g di petto di pollo disossato, tagliato a cubetti
15 ml/1 cucchiaino di paprika
45 ml / 3 cucchiai di concentrato di pomodoro (pasta)
150 ml / ¼ pt / 2/3 tazza di panna (latte).
5-7,5 ml/1-1 cucchiaio di sale

Mettere il burro o l'aglio in una teglia da 25 cm (forno olandese). Scaldare senza coperchio per 1-1,5 minuti. Mescolare con la cipolla. Cuocere a fuoco pieno per 3 minuti. Mescolare con peperone verde, cipolla, pollo, paprika e concentrato di pomodoro. Coprire con pellicola (di plastica) per far uscire il vapore e tagliare a metà. Cuocere per 5 minuti, girando la padella tre volte. ricerca. Aggiungere gradualmente la panna e il sale. Coprire come prima e cuocere per 8 minuti interi. Lasciate riposare per 5 minuti, poi mescolate e servite.

Pollo alla borgognona

Porta 6

La portata principale è solitamente il manzo, ma il pollo è più semplice.

25 g / 1 oz / 2 cucchiai di burro o margarina
2 cipolle, tritate
1 cipolla aglio, schiacciata
750 g di petto di pollo tagliato a cubetti
30 ml / 2 cucchiai di farina di mais (amido di mais)
5 ml/1 porzione di senape continentale
2,5 ml/cucchiaio di miscela di erbe secche
300 ml / ½ pt / 1¼ tazza di vino di Borgogna
225 g di funghi, tagliati a fettine sottili
5-7,5 ml/1-1 cucchiaio di sale
45 ml/3 cucchiai di prezzemolo tritato

Disporre il burro o la margarina in una teglia da 25 cm (forno olandese). Dopo l'apertura, lasciare sciogliere l'impasto entro 1,5 minuti. Mescolare la cipolla e l'aglio. Coprire con un piatto e cuocere per 3 minuti. Apri il pollo e dovresti trovarlo. Coprire con pellicola (di plastica) per far uscire il vapore e tagliare a metà. Cuocere per 8 minuti. Mescolare con cura il mais e la senape con un po' d'aglio, quindi mescolare con il resto. Versare sopra il pollo. Condire con funghi e sale. Coprite come prima e fate cuocere per 8-9 minuti, girando la padella quattro volte, finché la salsa non si sarà addensata e inizierà a bollire. Lasciare riposare per 5 minuti, quindi mescolare bene e cospargere di prezzemolo prima di servire.

Pollo fresco

Porta 6

Dagli anni '20 e '30, una rinascita della specialità di pollo, sempre consumata con riso bianco unto e traballante e involtini di maiale alla griglia (alla griglia). È necessario un grande forno a microonde.

1,5 kg di cosce di pollo, con pelle
1 cipolla, tagliata in 8 fette
2 gambi di sedano grandi, tagliati a fettine sottili
1 carota piccola, tagliata a fettine sottili
2 limoni spessi
1 piccola foglia di rapa
2 granchi
Prezzemolo
10 ml/2 cucchiai di sale
300 ml/½ porzione/1¼ tazza di acqua calda
150 ml/¼ cucchiaino/2/3 tazza di panna (leggera).
40 g / 1½ oz / 3 cucchiai di burro o margarina
40 g / 1½ oz / 1½ cucchiaio di farina (per tutti gli usi).
Succo di 1 limone piccolo
Sale e pepe nero appena macinato

Disporre il pollo in una pirofila da 30 cm (forno olandese). Aggiungere la cipolla, il cavolo e la carota insieme alla scorza di limone, alloro, sedano e 1 rametto di prezzemolo. Aggiustare di sale e aggiungere acqua. Coprire con pellicola (di plastica) per far uscire il vapore e tagliare a metà. Cuocere per 24 minuti, girando la pentola tre volte. Prendi il pollo. Rimuovere la carne dalle ossa e tagliarla a pezzetti. Scolare il liquido dalla pentola e riservare 300 ml/½ pt/1¼ tazza. Mescolare con panna acida. Metti il burro in una ciotola ampia e poco profonda. L'apertura completa richiede 1,5 minuti. Sbattere la farina, quindi incorporare lentamente la zuppa calda e la panna. Cuocere a fuoco alto per 5-6 minuti, mescolando ogni minuto, fino a quando non si addensa e inizia a formare le bolle. Aggiungere il succo di limone, mescolare con il pollo e assaggiare. Coprire come prima e scaldare per 5 minuti interi,

Pollo Frixi al vino

Porta 6

Preparalo come il pollo frixi, ma usa solo 150 ml di brodo e aggiungi 150 ml di vino bianco secco.

Il pollo definitivo

Porta 6

Noi lo prepariamo come Fricasée di Pollo. Infine, dopo aver riscaldato per 5 minuti, aggiungere 2 tuorli d'uovo mescolati con altri 15 ml/1 cucchiaio. Il calore del composto cuocerà il tuorlo.

Coq au Vin

Porta 6

50 g di burro o margarina
1,5 kg di cosce di pollo, con pelle
1 cipolla rossa grande, affettata sottilmente
1 cipolla aglio, schiacciata
30 ml/2 cucchiai di farina semplice (per tutti gli usi).
300 ml / ½ pt / 1¼ tazza di vino rosso secco
1 cubetto di brodo di manzo
5 ml/1 dose di sale
12 cipolle o cipolle sott'aceto
60 ml/4 cucchiai di prezzemolo tritato
1,5 ml/¼ cucchiaino di timo essiccato
Patate al forno e cavoletti di Bruxelles per servire

Mettere il burro o la margarina in una pentola da 30 cm (forno olandese). Accendi il fuoco per 1 minuto. Aggiungi i pezzi di pollo e assicurati di ricoprire ogni pezzo con l'olio, ma mantienilo in un unico strato. Coprire con pellicola (di plastica) per far uscire il vapore e tagliare a metà. Cuocere per 15 minuti, girando la pentola tre volte. Aprire il pollo e cospargerlo con cipolla e aglio. Aggiungere poco a poco al vino, mescolando per eliminare le parti necessarie. Schiaccia un cubo kraft e aggiungi sale. Versare la miscela di vino sul pollo. Coprire con cipolle o cipollotti e cospargere con prezzemolo ed erba cipollina. Coprire come prima e cuocere per 20 minuti interi, ruotando la teglia tre volte. Lasciare agire per 6 minuti.

vino ai funghi

Porta 6

Preparare come Coq au Vin, ma sostituire i 125 g di funghi con cipolle tritate o sott'aceto.

È disponibile anche la Coca Cola

Porta 6

Preparatelo allo stesso modo del Coq au Vin, ma sostituite il vino con la cola per rendere il cibo più gustoso.

Tamburi sul ponte incorporati

Ne indossi 4

15 ml / 1 cucchiaio di senape inglese in polvere
10 ml/2 porzioni di curry piccante in polvere
10 ml/2 porzioni di paprika
1,5 ml / ¼ cucchiaio di pepe
2,5 ml/cucchiaino di sale
1 kg di cosce di pollo (circa 12 pezzi)
45 ml/3 cucchiai di olio all'aglio

Incorporare lo zenzero, il curry, la paprika, il pepe di Caienna e il sale. Usalo per coprire tutti i lati del gancio. Disporre l'osso in un piatto profondo 25 cm/10, grande circa quanto il raggio di una ruota, raggiungendo il centro dell'osso. Soffriggere l'aglio per 1 minuto. Ungere i fusti con burro fuso. Coprire con pellicola (di plastica) per far uscire il vapore e tagliare a metà. Cuocere per 16 minuti, girando la padella due volte.

Sono cacciatori di polli

Porta 6

Un piatto italiano che si può tradurre come "pollo di selvaggina".

Pezzi di pollo da 1,5 kg
15 ml/1 cucchiaio di olio d'oliva
1 cipolla rossa grande, affettata sottilmente
1 cipolla aglio, schiacciata
30 ml/2 cucchiai di farina semplice (per tutti gli usi).
5 pomodori pelati, senza torsolo e tritati
150 ml/¼ pt/2/3 tazza di brodo caldo
45 ml / 3 cucchiai di concentrato di pomodoro (pasta)
15 ml / 1 cucchiaio di salsa da tavola marrone
125 g di funghi a fette
10 ml/2 cucchiai di sale
10 ml/2 cucchiai di zucchero di canna scuro morbido
45 ml/3 cucchiai di Marsala o sherry semisecco
Servire con patate con panna acida e insalata di lattuga

Metti il pollo in una teglia da 30 cm (forno olandese). Coprire con pellicola (di plastica) per far uscire il vapore e tagliare a metà. Cuocere per 15 minuti, girando la padella due volte. Nel frattempo preparate la salsa liscia. Versare l'olio nella padella e aggiungere la cipolla e l'aglio. Cuocere (salsa) fino a doratura leggermente. Incorporate la farina, quindi aggiungete i pomodori, la zuppa, il purè di patate e la salsa marrone. Cuocere la salsa finché non bolle e si addensa. Mescolare gli altri ingredienti e versarli sul pollo. Coprire come prima e cuocere per 20 minuti interi, ruotando la teglia tre volte. Lasciare riposare per 5 minuti. Servire con crema di patate e insalata mista.

Insegui il pollo

Porta 6

Preparare come per il pollo alla cacciatora, ma sostituire il vino bianco secco con marsala o sherry.

Pollo Marengo

Porta 6

Lo chef personale di Napoleone Bonaparte lo inventò sul campo di battaglia dopo la sconfitta dell'Austria nella battaglia di Marengo vicino a Verona, nel nord Italia, intorno al 1800.

Preparare come per il pollo alla cacciatora, ma utilizzare solo 50 g di funghi e sostituire il vino bianco secco con Marsala o Sherry. Mescolando tutti gli altri ingredienti, aggiungere 12-16 olive nere snocciolate piccole e 60 ml/4 cucchiai di prezzemolo tritato.

Pollo del giorno

Ne indossi 4

50 g di burro o margarina, morbido
15 ml/1 cucchiaio di senape delicata

5 ml/1 cucchiaio di pasta d'aglio (pasta)
5 ml/1 porzione di concentrato di pomodoro (pasta)
90 ml / 6 cucchiai di semi di sesamo, leggermente tostati
4 pezzi di pollo da 225 g ciascuno, con pelle

Crema di burro o margarina con aglio, aglio e passata di pomodoro. Aggiungi i semi di cumino. Distribuire uniformemente il composto sul pollo. Lasciare un buco al centro e metterlo in un piatto fondo del diametro di 25 cm. Cuocere a fuoco alto per 16 minuti, girando la padella quattro volte. Mettere da parte per 5 minuti prima di servire.

Capitano

Porta 6

Un semplice pollo al curry dell'India orientale preparato da un capitano di mare che molto tempo fa viaggiò negli stati meridionali del Nord America. È diventato qualcosa che attendiamo con ansia negli Stati Uniti.

50 g di burro o margarina
2 cipolle, tritate
1 cipolla, tritata
1,5 kg di cosce di pollo, con pelle
15 ml/1 cucchiaio di farina semplice (per tutti gli usi).
15 ml/1 cucchiaio di curry delicato in polvere
60 ml/4 cucchiai di mandorle, pelate, in scaglie, tagliate a metà e leggermente tostate
1 piccolo peperone verde (oleoso), senza semi e tagliato a fettine sottili
45 ml / 3 cucchiai di uva sultanina (uvetta dorata)
10 ml/2 cucchiai di sale
400 g/14 once/1 pomodoro a cubetti grandi
5 ml/1 porzione di zucchero
275 g/10 once/1¼ tazze di riso a grani lunghi cotto

Mettere il burro o la margarina in una pentola da 30 cm (forno olandese). Caldo, scoperto, ad alta potenza per 1,5 minuti. Aggiungere la cipolla e il sedano e mescolare bene. Mescolare due volte e cuocere a fuoco pieno per 3 minuti. Aggiungere le cosce di pollo e condirle con il composto di olio ed erbe finché saranno ben ricoperte. Cospargere con farina, curry in polvere, mandorle, pepe e sale. Coprire con pellicola (di plastica) per far uscire il vapore e tagliare a metà. Cuocere per 8 minuti. Mescolare il sale con i pomodori e lo zucchero. Togliere il pollo e versare i pomodori. Coprite come prima e fate cuocere per 21 minuti, girando la padella due volte. Lasciare riposare per 5 minuti con il riso prima di servire.

Pollo in salsa di pomodori e capperi

Porta 6

6 cosce di pollo, 225 g/8 once, con la pelle

Farina semplice (generale).

50 g di burro o margarina

3 fette di pancetta, tritate

2 cipolle grandi, tritate finemente

2 spicchi d'aglio, tritati finemente

15 ml/1 cucchiaio, corretto

400 g/14 once/1 pomodoro a cubetti grandi

15 ml/1 cucchiaio di zucchero di canna scuro morbido

5 ml/1 cucchiaino di miscela di erbe secche

15 ml / 1 cucchiaio di concentrato di pomodoro (pasta)

15 ml/1 cucchiaio di foglie di basilico tritate

15 ml/1 cucchiaio di prezzemolo tritato

Cospargere le cosce di pollo con la farina. Mettere il burro o la margarina in una pentola da 30 cm (forno olandese). Accendi il fuoco per 2 minuti. Mescolare la pancetta, la cipolla, l'aglio e i capperi. Mescolare due volte e cuocere a fuoco pieno per 4 minuti. Aggiungere il pollo e mescolare fino a quando il composto di burro o margarina sarà ben ricoperto. Coprire con pellicola (di plastica) per far uscire il vapore e tagliare a metà. Cuocere per 12 minuti, girando la padella tre volte. Mescolare bene, quindi aggiungere gli altri ingredienti. Coprire come prima e cuocere per 18 minuti interi. Lasciare riposare per 6 minuti prima di servire.

Pollo alla paprika

Ne indossi 4

Questa fantasia di pollo, pronunciata paprika, è associata al gulasch, uno dei piatti ungheresi più popolari.

Pezzi di pollo da 1,5 kg

1 cipolla grande, tritata finemente

1 peperone verde (olio), senza semi e tritato

1 cipolla aglio, schiacciata

30 ml/2 cucchiai di olio di mais o burro fuso

45 ml/3 cucchiai di farina semplice (per tutti gli usi).

15 ml/1 cucchiaino di paprika

300 ml/½ cucchiaino/1¼ tazza di brodo di pollo caldo

30 ml / 2 cucchiai di concentrato di pomodoro (pasta)

5 ml/1 porzione di morbido zucchero di canna scuro

2,5 ml/½ cucchiaino di semi di cumino

5 ml/1 dose di sale

150 ml/5 oz/2/3 tazza di crème fraîche

Piccole forme di pasta al forno

Disporre i pezzi di pollo in una pirofila da 30 cm (forno olandese). Coprire con pellicola (di plastica) per far uscire il vapore e tagliare a metà. Cuocere per 15 minuti, girando la padella due volte. Nel frattempo preparate la salsa liscia. Mettete in una pentola la cipolla, il peperone, l'aglio e l'olio e fate soffriggere finché le verdure saranno morbide ma non dorate. Mescolare la farina e la paprika, quindi incorporarli lentamente alla zuppa. Portare a ebollizione mescolando. Mescolare il resto degli ingredienti tranne la crème fraîche e la pasta. Togliere il pollo e versarvi sopra la salsa, versando parte del sugo nel piatto. Metti sopra un cucchiaio di crème fraîche. Coprire come prima e cuocere per 20 minuti interi, ruotando la teglia tre volte. Servire con pasta leggera.

Sfumature di galline orientali

6-8 pasti

Influenze e sapori indiani e indonesiani si uniscono in questa seria ricetta di pollo.

15 ml / 1 cucchiaio di olio di ceci (piselli).
3 cipolle medie, tritate finemente

2 spicchi d'aglio, tritati finemente

900 g di petto di pollo disossato, con la pelle e tagliato a listarelle sottili

15 ml/1 cucchiaio di farina di mais (amido di mais)

60 ml/4 cucchiai di olio di arachidi

150 ml/¼ pt./2/3 tazza di acqua

7,5 ml / 1½ cucchiaio di sale

10 ml/2 cucchiai di pasta di curry

2,5 ml / ½ cucchiaio di coriandolo (coriandolo)

2,5 ml/cucchiaio di zenzero macinato

Semi di 5 baccelli di patate

60 ml/4 cucchiai di noci salate, tritate grossolanamente

2 pomodori, a fette

Scaldare una padella da 25 cm (forno olandese) per 1 minuto senza coperchio. Aggiungere la cipolla e l'aglio e cuocere a fuoco vivace per 3 minuti, mescolando due volte. Aggiungete il pollo e fatelo cuocere senza coperchio per 3 minuti, mescolando ogni minuto con una forchetta per allentarlo. Cospargere di grano. Lavorare con tutti gli ingredienti tranne finocchi e pomodorini. Coprire con pellicola (di plastica) per far uscire il vapore e tagliare a metà. Cuocere per un massimo di 19 minuti, girando la padella quattro volte. Lasciare riposare per 5 minuti. Decorare con noci e fette di pomodoro prima di servire.

Il nostro Goreng

Porta 6

Una specialità olandese-indonesiana.
175 g di riso a grani lunghi, leggermente cotto

50 g di burro o margarina

2 cipolle, tritate

2 porri, solo la parte bianca, affettati molto sottili

1 peperoncino verde, senza semi e tritato (facoltativo)

350 g / 12 oz / 3 tazze di pollo cotto a freddo tagliato finemente

30 ml/2 cucchiai di salsa di soia

1 frittata classica, affettata

1 pomodoro grande, a fette

Cuocere il riso secondo le istruzioni riportate sulla confezione. Calmati. Disporre il burro o la margarina in una teglia da 25 cm (forno olandese). Accendi il fuoco per 1 minuto. Aggiungere le cipolle, i porri e l'erba cipollina, se utilizzati. Cuocere a fuoco pieno per 4 minuti. Mescolare il riso, il pollo e la salsa di soia. Coprite con un piatto e fate cuocere a fuoco vivace per 6-7 minuti, mescolando tre volte. Decorare con un motivo a strisce di strisce di frittata e fette di pomodoro.

Bistecca di tacchino

Sezioni 6

1 indiano, dimensione desiderata (peso grezzo consentito per persona: 350 g/12 once)

Abbastanza

Avvolgi le estremità delle ali e delle zampe con un foglio di alluminio. Posizionare il petto di tacchino con il lato rivolto verso il basso su un piatto abbastanza grande da contenere comodamente l'uccello. Non preoccuparti se si estende oltre il bordo del corpo. Coprire con un foglio (pellicola di plastica) e premere 4 volte. Cuocere a temperatura elevata per 4 minuti a 450 g/1 lb. Togliere dal forno e girare con attenzione l'uccello in modo che il petto sia in cima. Quando l'uccello è liscio e il pollo è felice, ricoprilo spesso con una pasta a base di olio. Coprire come prima e cuocere per altri 4 minuti a 450 g. Disporre nella tortiera e coprire con un foglio di alluminio. Lasciare riposare per 15 minuti, quindi affettare.

Spagna Turchia

Ne indossi 4

30 ml/2 cucchiai di olio d'oliva

4 tacchini disossati, 175 g ciascuno

1 cipolla, tritata

12 olive, tritate

2 uova sode (pagine 98-9), sbucciate e tritate

30 ml/2 cucchiai di prezzemolo tritato

2 pomodori, tagliati a fette sottili

Scaldare l'olio in una padella da 20 cm, senza coperchio, per 1 minuto a fuoco pieno. Aggiungere la padella e irrorare bene con l'olio per ricoprire entrambi i lati. Mescolare uniformemente la cipolla, le olive, l'uovo e il cetriolo con un cucchiaio di tacchino. Decorare con fette di pomodoro. Coprire con pellicola (di plastica) per far uscire il vapore e tagliare a metà. Cuocere per 15 minuti, girando la pentola cinque volte. Mettere da parte per 5 minuti prima di servire.

Tacos di tacchino

Ne indossi 4

Per i tacos:

450 g/1 libbra/4 tazze di pollo macinato
1 cipolla piccola, tritata finemente
2 spicchi d'aglio, tritati finemente
5 ml/1 cucchiaio di semi di cumino, macinati a piacere
2,5-5 ml / ½ - 1 cucchiaino di peperoncino in polvere
30 ml/2 cucchiai di foglie di coriandolo tritate
5 ml/1 dose di sale
60 ml/4 cucchiai di acqua
Hanno comprato 4 grandi formiche
Insalata mista

Per il condimento all'avocado:
1 grande avocado maturo
15-20 ml/3-4 cucchiai di salsa piccante acquistata in negozio
Succo di 1 lime
Sale
60 ml / 4 cucchiai di panna (latte).

Per preparare il taco, foderate il fondo di uno stampo a cerniera da 20 cm con il tacchino. Coprire con un piatto e cuocere per 6 minuti. Spezzare il chicco di carne con una forchetta. Mescolare il resto degli ingredienti tranne la tortilla e l'insalata. Coprire con pellicola (di plastica) per far uscire il vapore e tagliare a metà. Cuocere a fuoco alto per 8 minuti, girando la padella quattro volte. Lasciare agire per 4 minuti. Mescolare bene. Disporre sopra le formiche una quantità uguale di formiche, aggiungere l'insalata e arrotolare. Disporre su un piatto e tenere al caldo.

Per preparare il condimento all'avocado, tagliate l'avocado a metà, prelevate la polpa e frullatela fino a ottenere una purea. Mescolare la salsa, il succo di limone e il sale. Disporre i tacos su quattro piatti caldi, guarnire ciascuno con il composto di avocado e 1 cucchiaio/15 ml di panna acida. Mangia subito.

Tacos di frittelle

Ne indossi 4

Preparalo come i tacos al tacchino, ma sostituisci le tortillas acquistate in negozio con pancake fatti in casa da quattro confezioni.

Pane di tacchino

Ne indossi 4

450 g di tacchino macinato crudo (tritato).
1 cipolla aglio, schiacciata

30 ml/2 cucchiai di farina semplice (per tutti gli usi).

2 uova grandi

10 ml/2 cucchiai di sale

10 ml/2 cucchiai di timo secco

5 ml/1 porzione di salsa Worcestershire

20 ml / 4 cucchiai

patatine fritte

Cavolo bollito

Salsa al formaggio

Mescolare insieme lo scalogno, l'aglio, la farina, le uova, il sale, il timo, la salsa Worcestershire e le noci. Formare con le mani bagnate un panetto di 15 cm di diametro. Trasferire in un piatto fondo, coprire con un foglio di alluminio (alluminio) e tagliare due volte per rilasciare vapore. Portare a ebollizione completa per 9 minuti. Lasciare riposare per 5 minuti. Tagliare in quarti e servire con patate e cavoli, spalmati con salsa di formaggio e solitamente grigliati (griglia).

Curry di tacchino di Madras

Ne indossi 4

Una ricetta sana per consumare il tacchino di Natale.

30 ml/2 cucchiai di olio di mais o di girasole

1 cipolla, affettata molto sottilmente
1 cipolla aglio, schiacciata
30 ml / 2 cucchiai di uvetta
30 ml/2 cucchiai di cocco (grattugiato).
25 ml/1 cucchiaio e mezzo di farina (per tutti gli usi).
20 ml/4 porzioni di curry piccante in polvere
300 ml / ½ pt / 1¼ tazze di acqua bollente
30 ml/2 cucchiai di panna (light).
2,5 ml/cucchiaino di sale
Succo di ½ limone
350 g/12 once/3 tazze di tacchino cotto freddo, affettato
Pane indiano, insalata mista e chutney per servire

Mettete la cipolla, l'aglio, l'uvetta e il cocco grattugiato in una pentola da 1,5 litri. Mescolare bene. Cuocere a fuoco pieno per 3 minuti. Mescolare farina, curry, acqua, panna, sale, succo di limone e tacchino. Coprire con un piatto e cuocere per 6-7 minuti, mescolando due volte, finché il curry non si addensa e inizia a bollire. Lasciare riposare per 3 minuti. Mescolare e servire con pane indiano, insalata e chutney.

Curry di frutta con frutta

Ne indossi 4

30 ml/2 cucchiai di burro o margarina
10 ml/2 cucchiai di olio d'oliva
2 cipolle, tritate

15 ml/1 cucchiaio di curry delicato in polvere

30 ml/2 cucchiai di farina semplice (per tutti gli usi).

150 ml/¼ cucchiaino/2/3 tazza di panna (leggera).

90 ml / 6 cucchiai di yogurt greco naturale

1 cipolla aglio, schiacciata

30 ml / 2 cucchiai di concentrato di pomodoro (pasta)

5 ml/1 cucchiaino di garam masala

5 ml/1 dose di sale

Succo di 1 lime piccolo

4 mele da dessert, sbucciate, private del torsolo, tagliate in quarti e affettate sottilmente

30 ml/2 cucchiai di qualsiasi snack alla frutta

450 g/1 lb/4 tazze di tacchino cotto freddo, affettato

Mettete il burro o la margarina e l'olio in una teglia da 25 cm (forno olandese). Caldo, scoperto, ad alta potenza per 1,5 minuti. Mescolare con la cipolla. Mescolare due volte e cuocere a fuoco pieno per 3 minuti. Mescolare il curry, la farina, la panna acida e lo yogurt. Cuocere a fuoco pieno per 2 minuti. Aggiungi tutti gli altri ingredienti. Coprite con un coperchio e fate cuocere per 12-14 minuti a fuoco pieno, mescolando ogni 5 minuti, finché non saranno ben cotte.

Torta di pane e burro al tacchino

Ne indossi 4

75 g di burro o margarina

60 ml/4 cucchiai di parmigiano grattugiato

2,5 ml/cucchiaino di timo secco

1,5 ml/¼ cucchiaino di erba normale

5 ml/1 cucchiaio di scorza di limone

4 grandi fette di pane bianco o integrale

1 cipolla, tritata

50 g di funghi a fette

45 ml/3 cucchiai di farina semplice (per tutti gli usi).

300 ml/½ cucchiaino/1¼ tazza di brodo di pollo caldo

15 ml/1 cucchiaio di succo di limone

45 ml/3 cucchiai di panna (light).

225 g/8 once/2 tazze di pollo cotto freddo, tagliato a pezzi

Sale e pepe nero appena macinato

Mantecare metà del burro o della margarina con formaggio, timo, mousse e scorza di limone. Spalmatelo sul pane, poi tagliate ogni fetta in quattro triangoli. Disporre il burro o la margarina nella restante pirofila profonda 20 cm. Caldo, scoperto, ad alta potenza per 1,5 minuti. Aggiungere le cipolle e i funghi. Mescolare due volte e cuocere a fuoco pieno per 3 minuti. Sbattere la farina, quindi aggiungere gradualmente il brodo, il succo di limone e la panna. Provate il pollo e conditelo. Coprire con un piatto e cuocere, mescolando tre volte, finché non sarà completamente riscaldato, circa 8 minuti. Togliere dal microonde. Cuocere un triangolo sotto la griglia calda (broiler) e rosolarlo.

Tacchino e riso ripieno

4-5 pasti

225 g/8 oz/1 tazza di riso a grani lunghi leggermente cotto
Zuppa di funghi concentrata da 300 ml/10 fl oz/1 lattina
300 ml / ½ pt / 1 ¼ tazze di acqua bollente

225 g / 8 once / 2 tazze di mais dolce (mais)
50 g/2 once/½ tazza di noci intere
175 g / 6 oz / 1 tazza e ½ di tacchino cotto, tritato
50 g/2 once freddi, tritati
Insalata di cavolo per il tuo servizio

Disporre tutti gli ingredienti tranne il ripieno in una teglia da 1,75 L/3 L/7½ tazze. Mescolare bene. Coprire con pellicola (di plastica) per far uscire il vapore e tagliare a metà. Cuocere per 25 minuti. Coprire con una forchetta e mescolare per distribuire il riso. Coprire con ripieno freddo. Coprire con un piatto e cuocere per 2 minuti. Lasciare agire per 4 minuti. Mescolare ancora e servire con insalata di cavolo.

Castagna Di Tacchino Glassata All'Arancia

Servizi 4-6

Per piccole famiglie che vogliono organizzare un matrimonio con il minimo spreco.

40 g / 1½ oz / 3 cucchiai di olio

15 ml / 1 cucchiaio di ketchup (gatto)

10 ml / 2 cucchiai di pepe nero

5 ml/1 porzione di paprika

5 ml/1 porzione di salsa Worcestershire

1 satsuma o clementina grattugiato finemente

Un pizzico di conchiglia

1,5 ml/¼ cucchiaino di cannella in polvere

Circa 1 tacchino. 1 kg / 2¼ piedi

Mescolare in una ciotola tutti gli ingredienti tranne il tacchino. Scaldare in forno scoperto per 1 minuto. Foderare una tortiera a cerniera da 25 cm (forno olandese) con metà del lievito. Coprire con pellicola (di plastica) per far uscire il vapore e tagliare a metà. Cuocere per 10 minuti. Girare il petto e spennellare con l'olio rimanente. Coprite come prima e fate cuocere per altri 10 minuti, girando la padella tre volte. Lasciare riposare per 7-10 minuti prima di affettare.

anatra in agrodolce

Ne indossi 4

1 anatra, circa 2,25 kg, lavata e asciugata

45 ml/3 cucchiai di mango gommoso

Il fagiolo cresce

175 g/6 once/¾ tazza di riso integrale, cotto

Disporre in una teglia da 25 cm/10 mm (forno olandese) in una ciotola da tè convessa. Coprire con pellicola (di plastica) per far uscire il vapore e tagliare a metà. Cuocere per 20 minuti. Eliminare con attenzione il grasso e l'acqua. Voltati le spalle e allarga il secchio sul petto. Coprire come prima e cuocere per altri 20 minuti. Tagliare in quattro parti e servire con germogli di soia e riso.

Anatra cantonese

Ne indossi 4

45 ml/3 cucchiai di prugne secche (in scatola)
30 ml/2 cucchiai di vino di riso cinese
10 ml/2 porzioni di senape delicata
5 ml/1 cucchiaino di succo di limone
10 ml/2 cucchiai di salsa di soia
1 anatra, circa 2,25 kg, lavata e asciugata

Mettete la marmellata di albicocche, il vino di riso, la senape, il succo di limone e la salsa di soia in una piccola ciotola. Riscaldare per 1-1,5 minuti, mescolando due volte. Disporre in una teglia da 25 cm/10 mm (forno olandese) in una ciotola da tè convessa. Coprire con pellicola (di plastica) per far uscire il vapore e tagliare a metà. Cuocere per 20 minuti. Eliminare con attenzione il grasso e l'acqua. Girare e distribuire sulle albicocche. Coprire come prima e cuocere per 20 minuti interi. Dividete in quattro parti e servite.

Anatra con salsa all'arancia

Ne indossi 4

Di solito è un lusso di fascia alta che può essere facilmente riscaldato nel microonde in una frazione del tempo. Guarnire con crescione e fette d'arancia fresca come centrotavola della festa.

1 anatra, circa 2,25 kg, lavata e asciugata

Per la salsa:
Buccia finemente grattugiata di una grande arancia

Succo di 2 arance

30 ml/2 cucchiai di marmellata di limoni tritata

15 ml / 1 cucchiaio di gelatina di ribes (tenere pura)

30 ml/2 cucchiai di liquore all'arancia

5 ml/1 porzione di salsa di soia

10 ml/2 porzioni di farina di mais (farina di mais)

Disporre in una teglia da 25 cm/10 mm (forno olandese) in una ciotola da tè convessa. Coprire con pellicola (di plastica) per far uscire il vapore e tagliare a metà. Cuocere per 20 minuti. Eliminare con attenzione il grasso e l'acqua. Girarsi. Coprire come prima e cuocere per 20 minuti interi. Tagliare in quattro parti, disporre su un piatto e tenere al caldo. Scolare l'olio dall'acqua di cottura.

Per preparare la salsa, mettere tutti gli ingredienti tranne i chicchi di mais in un misurino. Aggiungere i succhi di frutta preparati. Riempi una tazza da 300 ml con acqua calda. Mescolare la farina di mais con qualche cucchiaio di acqua fredda fino a ottenere una massa sottile. Aggiungere alla pentola e mescolare bene. Mescolare tre volte e cuocere a fuoco pieno per 4 minuti. Versare sopra l'anatra e servire subito.

Anatra in francese

Ne indossi 4

1 anatra, circa 2,25 kg, lavata e asciugata
12 coltelli
1 cipolla rossa, affettata sottilmente
2 spicchi d'aglio, tritati finemente

Per la salsa:
300 ml/½ pt/1¼ tazza di sidro secco
5 ml/1 dose di sale
10 ml / 2 cucchiai di concentrato di pomodoro (pasta)
30 ml / 2 cucchiai
15 ml/1 cucchiaio di farina di mais (amido di mais)

Tagliatelle fritte, per servire

Disporre in una teglia da 25 cm/10 mm (forno olandese) in una ciotola da tè convessa. Disporre l'erba cipollina, il sedano e l'aglio attorno all'anatra. Coprire la pirofila con pellicola (plastica) e tagliare due volte per consentire la fuoriuscita del vapore. Cuocere per 20 minuti. Rimuovere e filtrare il grasso e il succo dal succo. Girarsi. Coprire come prima e cuocere per 20 minuti interi. Tagliare in quattro parti, disporre su un piatto e tenere al caldo. Scolare l'olio dall'acqua di cottura.

Per preparare la salsa, mettere il sidro in un misurino. Mescolare il sale, il concentrato di pomodoro, la crème fraîche, il succo dell'acqua di cottura e la farina di mais. Cuocere a fuoco vivace per 4-5 minuti finché non si addensa e inizia a bollire, mescolando ogni minuto. Versare sopra l'anatra e le prugne e servire con le tagliatelle.

Arrostire ossa e arrostire pezzi di carne

Posizionare con la pelle rivolta verso il basso su un piatto grande su una griglia adatta al microonde. Coprire con un pezzo di pellicola (plastica). Per ogni 450g/1lb occorre cucinare:

- Maiale - 9 minuti
- Prosciutto - 9 minuti
- Agnello - 9 minuti
- Bistecca - 6-8 minuti

Per garantire una cottura uniforme, ruotare la padella ogni 5 minuti e tenere le mani lontane dal fornello. Lasciare riposare per 5-6 minuti a metà cottura. Una volta cotti trasferite i pezzi su un tagliere e coprite con doppia pellicola. Lasciare riposare per 5-8 minuti prima di affettare, a seconda della dimensione.

Maiale in agrodolce con arancia e lime

Ne indossi 4

4 filetti di maiale, tagliati da 175 g
60 ml / 4 cucchiai di ketchup (gatto)
15 ml/1 cucchiaio di salsa teriyaki
20 ml/4 porzioni di aceto di malto
5 ml/1 cucchiaino di scorza di lime grattugiata finemente
Succo di 1 arancia
1 spicchio d'aglio, schiacciato (facoltativo)
350 g/1 tazza e ½ di riso integrale, cotto

Disporre le zuppe con un diametro di 25 cm / profondità di 10 cm. Mescolare tutti gli altri ingredienti tranne il riso e un cucchiaio. Coprire con pellicola (di plastica) per far uscire il vapore e tagliare a metà. Cuocere per 12 minuti, girando la pentola quattro volte. Lasciare riposare per 5 minuti prima di servire con riso integrale.

La carne è carne

8-10 pasti

Un luogo familiare collaudato e versatile. È ottimo tagliato a fette con salsa piccante, piccante o portoghese o salsa di pomodoro rustica, servito con patate lesse o maccheroni al formaggio e una varietà di verdure. In alternativa, può essere consumato freddo con una ricca maionese o condimenti per insalate e insalata. Tagliatelo sottilmente per i panini e usatelo con insalata, cipolline tritate e pomodori, oppure servitelo con cetriolo e pane integrale come classico antipasto francese.

125 g di pane bianco leggero
450 g/1 libbra di manzo magro (macinato).
450 g / 1 libbra / 4 tazze di pollo macinato (tritato).
10 ml/2 cucchiai di sale
3 spicchi d'aglio, tritati finemente
4 uova grandi
10 ml/2 cucchiai di salsa Worcestershire
10 ml/2 porzioni di salsa di soia scura
10ml/2 cucchiai di senape già pronta

Imburrare sottilmente una pirofila profonda 23 cm. Tritare il pangrattato in un robot da cucina. Aggiungere tutti gli altri ingredienti e frullare finché il composto non si amalgama. (Evitare una lievitazione eccessiva, poiché il pane risulterà pesante e denso.) Dividere in porzioni. Premere al centro un vasetto di marmellata per neonati (in scatola) o un semplice portauovo per formare un anello di composto di carne. Coprire con pellicola (di plastica) per far uscire il vapore e tagliare a metà. Cuocere per 18 minuti, girando la padella due volte. Il pane si restringe da una parte all'altra. Se servito caldo, mettere da parte per 5 minuti.

Tacchino quadrato e salsiccia

8-10 pasti

Preparare come una bistecca, ma sostituire la carne macinata (rifilata) con 450 g/1 libbra di salsiccia di manzo o maiale. Cuocere per un massimo di 18 minuti invece di 20 minuti.

Condire il filetto di maiale

Ne indossi 4

4 filetti di maiale, tagliati da 175 g
30 ml/2 cucchiai di burro o margarina
5 ml/1 porzione di paprika
5 ml/1 porzione di salsa di soia
5 ml/1 porzione di salsa Worcestershire

Disporre le zuppe con un diametro di 25 cm / profondità di 10 cm. Sciogliere il burro o la margarina nella padella per 1,5 minuti. Mescolare gli altri ingredienti e versarli sulle polpette. Coprire con pellicola (di plastica) per far uscire il vapore e tagliare a metà. Cuocere per 9 minuti, girando la pentola quattro volte. Lasciare agire per 4 minuti.

Anello hawaiano con carne di maiale e ananas

Porta 6

Tenerezza, tenerezza e ottimo gusto caratterizzano questa ricetta di carne e frutta dell'isola tropicale delle Hawaii.

15 ml / 1 cucchiaio di olio di ceci (piselli).
1 cipolla rossa, affettata sottilmente
2 spicchi d'aglio, tritati finemente
900 g/2 libbre di maiale, affettato
15 ml/1 cucchiaio di farina di mais (amido di mais)
400 g di ananas tritato in scatola in acqua naturale
45 ml/3 cucchiai di salsa di soia
5 ml // 1 cucchiaino di zenzero macinato
Il nuovo posto è pepe nero

Lavare il fondo e i lati della pirofila profonda 23 cm/9. Aggiungere la cipolla e l'aglio e soffriggere a fuoco vivace per 3 minuti. Mescolare il maiale, il mais, l'ananas e l'acqua, la salsa di soia e lo zenzero. Condiscilo in diagonale. Posizionate l'anello sul bordo interno della torta, lasciando spazio al centro. Coprire con pellicola (di plastica) per far uscire il vapore e tagliare a metà. Cuocere a fuoco alto per 16 minuti, girando la padella quattro volte. Mettere da parte per 5 minuti e mescolare prima di servire.

Casseruola hawaiana con pancetta e ananas

Porta 6

Prepara il maiale hawaiano e le rose all'ananas, ma sostituisci il maiale con prosciutto morbido non tagliato.

Prosciutto di Natale

10-12 pasti

Perfetto per un buffet di Natale o Capodanno, questo prosciutto cotto al microonde è umido, succoso e dalla bella forma. Questa è la dimensione massima per ottenere risultati soddisfacenti.

Prosciutto, peso massimo 2,5 kg / 5½ piedi
50 g / 2 oz / 1 tazza di pangrattato colorato
Granchi interi

Per ridurre il contenuto di sale, l'arrosto viene prima bollito. Mettete il prosciutto in una pentola capiente, copritelo con acqua fredda, portate a bollore e scolatelo. Ripetere. Misurare i pezzi arrotolati e attendere un tempo di cottura totale di 450 g/1 libbra per 8 minuti. Disporre il composto direttamente sul piatto di vetro del microonde oppure metterlo in una ciotola larga e piatta. Se l'estremità è stretta, copritela con un foglio di alluminio per evitare che si attacchi eccessivamente. Coprire il prosciutto con carta da cucina e cuocere per metà del tempo di cottura. Microonde per 30 minuti. Rimuovere la pellicola se utilizzata, girare la bistecca e coprire con carta da cucina. Portare a ebollizione e lasciare riposare per altri 30 minuti. Trasferire su un piatto. Eliminare la pelle, eliminare il grasso e poi tagliarli a pezzetti. Gioca ogni diamante con un'arancia.

Castello di Gammon in vetro

10-12 pasti

Prosciutto, peso massimo 2,5 kg / 5½ piedi
50 g / 2 oz / 1 tazza di pangrattato colorato
Granchi interi
60 ml/4 cucchiai di zucchero demerara
10 ml/2 cucchiai di senape in polvere
60 ml/4 cucchiai di burro fuso o margarina
5 ml/1 porzione di salsa Worcestershire
30 ml/2 cucchiai di succo d'uva bianca
cocktail alla ciliegia

Preparati come un prosciutto alla sagra, ma lava tutte le gemme alternative con l'aglio. Per il condimento, mescolare lo zucchero, la senape, il burro o la margarina, la salsa Worcestershire e il succo d'uva. Trasferire il prosciutto su un piatto e ricoprirlo di grasso. Cuocere il composto come al solito a 190°C/375°F/gas per 25-30 minuti fino a quando l'olio sarà dorato. Infilare le rimanenti perle di burro nei bastoncini di ciliegie da cocktail (stuzzicadenti).

Paella con salame spagnolo

Porta 6

Preparatela come una paella, ma sostituite il pollo con il salame tritato finemente.

Polpette alla svizzera

Ne indossi 4

Uno dei piatti nazionali svedesi conosciuto come Kottbullar, viene servito con patate bollite, salsa e insalata mista.

75 g / 3 once / 1 tazza e ½ di pangrattato bianco fresco
1 cipolla rossa, affettata sottilmente
225 g di carne di maiale macinata macinata (tritata).
225 g/8 once/2 tazze di carne macinata (macinata).
1 uovo grande
2,5 ml/cucchiaino di sale
175 ml / 6 oz / 1 lattina di latte per la cottura a vapore
2,5 ml/½ cucchiaino universale
25 g/1 oncia/2 cucchiai di margarina

Mescolare bene tutti gli ingredienti tranne la margarina. Crea 12 palline identiche. Preparare un piatto caldo nel microonde come descritto a pagina 14 o nel manuale di istruzioni fornito con il tostapane o il forno a microonde. Aggiungete la margarina e girate la padella con le mani finché il fondo non sarà completamente ricoperto dall'impasto. Sono adulti adesso. Aggiungete il brodo e fate soffriggere subito. Coprire con pellicola (di plastica) per far uscire il vapore e tagliare a metà. Cuocere per non più di 9 minuti e mezzo, girando la padella quattro volte. Lasciare riposare per 3 minuti prima di servire.

Arrosto di maiale con biscotti

Il maiale è sorprendentemente croccante grazie al lungo tempo di cottura della carne.

Seleziona la porzione di gamba da 175 g/6 once a persona. Bucherellare la pelle con un coltello, salare e cospargere leggermente con la paprika. Posizionare con la pelle rivolta verso il basso su un piatto grande su una griglia adatta al microonde. Coprire con pergamena. Aprire come una bistecca e cuocere per 9 minuti a 450 g. Per garantire una cottura uniforme, ruotare la padella ogni 5 minuti e tenere le mani lontane dal fornello. Lasciare riposare per 6 minuti a metà cottura. Una volta cotti trasferite i pezzi su un tagliere e coprite con doppia pellicola. Mescolare con verdure, cipolla e aglio e lasciare riposare per 8 minuti prima di servire.

Arrosto di maiale al miele

Preparare la carne di maiale macinata, ma prima di condirla con sale e pepe, ricoprirla con 90 ml/6 cucchiai di miele mescolati con 20 ml/1 cucchiaio di senape preparata e 10 ml/2 cucchiai di salsa Worcestershire.

Maiale con cavolo rosso

Ne indossi 4

Lavoro invernale, quando a Natale riempi barattoli e lattine di cavolo rosso. Servire con purè di patate e prezzemolo.

450 g di cavolo rosso bollito
4 pomodori pelati, senza torsolo e tritati
10 ml/2 cucchiai di sale
4 filetti di maiale, tagliati da 175 g
10 ml/2 cucchiai di salsa di soia
2,5 ml/cucchiaio di sale all'aglio
2,5 ml/½ cucchiaino di paprika
15 ml/1 cucchiaio di zucchero di canna scuro morbido

Disporre il cavolo in una teglia da 20 cm (forno olandese). Mescolare i pomodori con il sale e adagiarvi sopra le polpette. Aggiungere la salsa di soia e cospargere con gli altri ingredienti. Coprire con pellicola (di plastica) per far uscire il vapore e tagliare a metà. Cuocere per 15 minuti, girando la pentola quattro volte. Lasciare riposare per 4 minuti prima di servire.

Maiale alla rumena

Ne indossi 4

15 ml/1 cucchiaio di olio d'oliva
1 cipolla piccola, tritata finemente

1 cipolla aglio, schiacciata

4 fette di maiale, 125 g/4 once ciascuna, tritate finché sono tenere

60 ml/4 cucchiai di succo di pomodoro

5 ml/1 cucchiaio di origano secco

125 g di mozzarella, a fette

30 ml / 2 cucchiai

Polenta

Versare l'olio in una padella profonda 25 cm/10. Riscaldare per 1 minuto esatto. Mescolare la cipolla e l'aglio. Mescolare due volte e cuocere a fuoco pieno per 4 minuti. Aggiungi il maiale nella padella in un unico strato. Cuocere a fuoco pieno per 2 minuti. Far bollire nuovamente per 2 minuti e cuocere. Mescolare con il succo di pomodoro e l'origano, disporre sopra le fette di mozzarella, quindi cospargere con i capperi. Coprire con pellicola (di plastica) per far uscire il vapore e tagliare a metà. Cuocere per 2-3 minuti o fino a quando il formaggio sarà ben sciolto. Lasciare riposare per 1 minuto prima di servire con le cipolle.

Un piatto di carne di maiale e verdure

6-8 pasti

15 ml/1 cucchiaio di olio di girasole o di mais
1 cipolla, grattugiata
2 spicchi d'aglio, tritati finemente
675 g di carne di maiale tagliata a fette spesse 1,5 cm
30 ml/2 cucchiai di farina semplice (per tutti gli usi).
5 ml/1 cucchiaio di maggiorana secca
5 ml/1 porzione di scorza d'arancia grattugiata finemente
Barattolo da 200 g / 7 oz / 1¾ tazza o mix di ceci e carote congelati scongelati
200 g / 7 oz / 1 tazza e ½ di mais dolce (mais)
300 ml/½ pt/1¼ tazza di vino rosato
150 ml/¼ pt./2/3 tazza di acqua calda
5 ml/1 dose di sale

Versare l'olio in una pentola da 2 quarti/3½ quarti/8½ tazze (forno olandese). Accendi il fuoco per 1 minuto. Mescolare la cipolla e l'aglio. Mescolare due volte e cuocere a fuoco pieno per 4 minuti. Aggiungi carne di maiale. Coprite la padella con un piatto e fate cuocere per un totale di 4 minuti. Incorporate la farina, assicurandovi che i pezzi di carne siano ben ricoperti. Aggiungere tutti gli ingredienti tranne il sale. Coprire con pellicola (di plastica) per far uscire il vapore e tagliare a metà. Cuocere per un massimo di 17 minuti, girando la padella quattro volte. Lasciare riposare per 5 minuti prima di aggiungere sale a piacere e servire.

Maiale al peperoncino

Ne indossi 4

4 costolette di maiale, 225 g/8 once ciascuna, magre
10 ml/2 porzioni di peperoncino o condimento Cajun
5 ml/1 dose di aglio in polvere
400 g/14 once/1 lattina grande di fagioli rossi
400 g/14 once/1 pomodoro a cubetti grandi
30 ml/2 cucchiai di coriandolo fresco tritato
2,5 ml/cucchiaino di sale

Posizionare i ritagli di 30 cm di diametro/12 cm di profondità. Cospargere con spezie dolci e aglio in polvere. Coprire con pellicola (di plastica) per far uscire il vapore e tagliare a metà. Cuocere per un totale di 8 minuti, girando il tagliere due volte. Aprite e spennellate i fagioli ed i pomodori con il loro succo. Cospargere con coriandolo e sale. Coprire come prima e cuocere per 15 minuti, girando 3 volte. Mettere da parte per 5 minuti prima di servire.

Maiale con chutney e mandarino

Ne indossi 4

4 costolette di maiale, 225 g/8 once ciascuna, magre
350 g/12 once/1 scatola grande di mandarini al vino leggero
5 ml/1 porzione di paprika
20 ml/4 porzioni di salsa di soia
45 ml/3 cucchiai di polpa di frutta, aggiustare se necessario
2 spicchi d'aglio, tritati finemente
Riso

Posizionare i ritagli di 30 cm di diametro/12 cm di profondità. Scolare il mandarino e tagliare il frutto in quarti, conservando 30 ml/2 cucchiai di sciroppo. Versare lo sciroppo scolato sul riso con i restanti ingredienti e aggiungere un cucchiaio di mandarino. Coprire con pellicola (di plastica) per far uscire il vapore e tagliare a metà. Cuocere per 20 minuti, girando la pentola quattro volte. Lasciare riposare per 5 minuti, quindi servire con il riso.

Costolette alla griglia.

Ne indossi 4

1 kg di carne di maiale o costolette
50 g di burro o margarina
15 ml / 1 cucchiaio di ketchup (gatto)
10 ml/2 cucchiai di salsa di soia
5 ml/1 porzione di paprika
1 cipolla aglio, schiacciata
5 ml/1 cucchiaino di salsa di peperoncino piccante

Lavare e asciugare il maiale, quindi tagliarlo in singole costolette. Metti quello più grande, rotondo e aderente, nel microonde, con il lato più stretto di ciascuna costola rivolto verso il centro. Coprire con pellicola (di plastica) per far uscire il vapore e tagliare a metà. Cuocere per 10 minuti, girando la pentola tre volte. Per separarli, unire il resto degli ingredienti in una ciotola e mescolare nella padella a fuoco basso per 2 minuti. Aprire i coperchi e versare con attenzione l'olio. Spennellare con metà dell'olio. Cuocere a fuoco pieno per 3 minuti. Stendetelo con la lingua e allargatelo con le palline rimaste. Cuocere a fuoco pieno per 2 minuti. Lasciare riposare per 3 minuti prima di servire.

Cicoria avvolta nel prosciutto in salsa di formaggio

Ne indossi 4

Nel suo paese d'origine, il Belgio, si chiama chicorées au der. Le erbe bianco-argento in salsa di prosciutto e formaggio semplice sono un capolavoro culinario.

Circa 8 teste (indivia belga). Totale 1 kg / 2¼ piedi
150 ml/¼ pt./2/3 tazza di acqua bollente
15 ml/1 cucchiaio di succo di limone
8 pezzi grandi di prosciutto fritto
600 ml / 1 pz / 2½ tazze di latte
50 g di burro o margarina
45 ml/3 cucchiai di farina semplice (per tutti gli usi).
175 g/6 once/1 tazza e ½ di formaggio Edam, grattugiato
Sale e pepe macinato fresco
Patatine (patatine) da servire

Mondate la cicoria, eliminate le foglie esterne danneggiate o danneggiate e tagliate ciascuna a forma di cono perfetto per evitare il sapore amaro. Disporre le estremità in una ciotola profonda del diametro di 30 cm, come le estremità di un cerchio. Irrorare con acqua e succo di limone. Coprire con pellicola (di plastica) per far uscire il vapore e tagliare a metà. Cuocere per 14 minuti, girando la padella due volte. Lasciare agire per 5 minuti, quindi risciacquare abbondantemente. Lavare e asciugare il piatto. Quando le cicorie saranno ben calde, copritele ciascuna con un canovaccio e rimettetela nel piatto. Mettete il latte in un pentolino e fatelo scaldare senza coperchio per 3 minuti. Metti l'aglio o la margarina in una casseruola da 1,2 litri/2 porzioni/5 tazze e sciogliilo completamente per 1 minuto. Versare la farina, poi versare lentamente il latte. Cuocere per 5-6 minuti, mescolando ogni minuto per garantire la consistenza. finché la salsa non si sarà addensata e addensata. Mescolare con formaggio e spezie. Versare uniformemente sulla cicoria e sul prosciutto. Coprire con un piatto e scaldare per massimo 3 minuti. Lasciare riposare per 3 minuti. Rosolare, solitamente caldo sulla griglia (griglia) e servito con patatine se lo si desidera.

Costolette di maiale in salsa barbecue all'arancia

Ne indossi 4

1 kg di carne di maiale o costolette
30 ml/2 cucchiai di succo di limone
30 ml/2 cucchiai di salsa di soia
5 ml/1 cucchiaino di polvere di wasabi giapponese
15 ml/1 cucchiaio di salsa Worcestershire
300 ml / ½ pt / 1¼ tazze di succo d'arancia appena spremuto
30 ml/2 cucchiai di marmellata di arancia scura
10ml/2 cucchiai di senape già pronta
1 cipolla aglio, schiacciata
Cibo cinese cucinato per essere servito
Qualche fetta d'arancia per la decorazione

Metti le costolette in una ciotola ampia e poco profonda. Coprire con pellicola (di plastica) per far uscire il vapore e tagliare a metà. Cuocere per 7 minuti, girando la padella due volte. Aprire e scaricare con attenzione l'olio. Mescolare il resto degli ingredienti, tranne la pentola, e versarli sulle costolette. Coprite delicatamente con carta da cucina e fate cuocere per 20 minuti, girando la teglia quattro volte e irrorando ogni volta la salsa. Mangia da solo con spaghetti cinesi cotti e fette d'arancia.

Budino di bistecca e funghi

Ne indossi 4

Questo vecchio tesoro inglese funziona come un sogno nel microonde e la crosta di torta (crosta) funziona altrettanto bene. Il trucco sta nell'usare carne già preparata, come spezzatino fatto in casa o carne in scatola, poiché i cubetti di carne cruda si uniranno nel microonde quando cotti con il liquido.

Sulla torta:

175 g/6 once/1 tazza e ½ di farina autolievitante

2,5 ml/cucchiaino di sale

50 g / 2 oz / ½ tazza di carne macinata o strutto vegetariano

90 ml/6 cucchiai di acqua fredda

Compilare:

450 g/1 libbra di roast beef con sugo

125 g di funghi

Per l'impasto, mescolare in una ciotola la farina e il sale. Con una forchetta mescolate abbastanza acqua per ottenere un impasto morbido ma non sfascio. Impastare con cura fino ad ottenere un composto omogeneo, quindi allungarlo formando un cerchio di 30 cm. Tagliatelo in quarti e mettetelo da parte sul coperchio. Imburrare bene e rivestire una tortiera da 900 ml, dal fondo e dai lati della tortiera fino al bordo superiore, premendo le pieghe con la punta delle dita. Sigillare le giunture con le dita bagnate.

Per preparare il ripieno, riscaldare il roast beef e i funghi nel microonde o a fuoco medio. Calmati. Versare nella padella. Stendere l'impasto misto in un coperchio, inumidire i bordi e sigillare prima di inserire l'impasto. Coprire con pellicola (di plastica) per far uscire il vapore e tagliare a metà. Cuocere ad alta temperatura per 7 minuti, finché l'impasto non lievita bene. Lasciare riposare per 3 minuti, quindi trasferire nei piatti.

Budino di bistecca e rognone

Ne indossi 4

Prepara un budino con bistecca e funghi, ma usa 450 g/1 libbra di composto di bistecca e rognone.

Budino di bistecca e castagne

Ne indossi 4

Preparate un budino di bistecca e funghi, ma sostituite i funghi con le castagne intere.

Zuppa di noci tostate e salate

Ne indossi 4

Prepara il budino di bistecca e funghi, ma sostituisci i funghi con 4 litri di noci salate e 8 albicocche.

"Torta di carne" dal Sud America

Ne indossi 4

2 cipolle tritate finemente o tritate
275 g di zucca con la buccia, blu o verde, tritata finemente
1 pomodoro grande frullato, sbucciato e tagliato a pezzetti
450 g/1 libbra/4 tazze di carne macinata
5-10 ml/1-2 cucchiai di sale
Riso brasiliano

Mettete le verdure e le fette in una pentola olandese del diametro di 20 cm. Coprire con pellicola (di plastica) per far uscire il vapore e tagliare a metà. Cuocere per 10 minuti, girando la pentola tre volte. Coprire e strofinare bene per spezzettare la carne. Coprite con un piatto, mescolate una volta e fate cuocere a fuoco pieno per 5 minuti. Lasciare riposare per 3 minuti, quindi aggiustare di sale. La carne avrà una consistenza significativa nella salsa cruda. Servire con riso brasiliano.

"Tortino di carne" brasiliano con uova e olive

Ne indossi 4

Prepara la carne macinata sudamericana, ma ometti la zucca, le verdure o i mirtilli. Aggiungere 60 ml/4 cucchiai al composto di carne. Ridurre la durata del pasto iniziale a 7 minuti. Quando sarà pronto, aggiungete 3 uova sode e 12 olive verdi.

Panino di Ruben

Servizi 2

Come può testimoniare qualsiasi americano, l'Open Reuben Sandwich è un connubio gastronomico tra New York e la California.

2 grandi fette di pane integrale o di segale

Maionese

175 g/6 once di carne macinata, pastrami o spinaci, tagliati a fettine sottili

175 g/6 oz di spinaci in acqua

4 fette sottili di formaggio Gruyère (svizzero) o Emmental

Spalmate la maionese sul pane e disponete le fette su un piatto ampio. Scaldare senza coperchio per 1,5 minuti. Premere delicatamente con una spatola per ricoprire uniformemente tutte le bistecche e l'aglio. Coprire con formaggio. Cuocere per 1,5 minuti finché il formaggio non sarà completamente sciolto. Mangia subito.

manzo alla Chow Mein

Ne indossi 4

Preparalo come il Chicken Chow Mein, ma sostituisci il manzo con il pollo.

La carneficina di Sue

Ne indossi 4

Preparalo allo stesso modo del Chicken Chop Suey, ma sostituisci il pollo con il manzo.

Godetevi le melanzane e il manzo

Porta 6

Questa specialità della Louisiana è ampiamente adorata e amata dalla gente del posto.

4 caramelle (porzione)
10 ml/2 cucchiai di sale
45 ml/3 cucchiai di acqua bollente
1 cipolla, grattugiata finemente
450 g/1 libbra/4 tazze di manzo (macinato).
75 g / 3 once / 1 tazza e ½ di pangrattato bianco fresco
1,5-2,5 ml / ¼ - ½ cucchiaino di salsa di peperoncino
Sale e pepe macinato fresco
25 g / 1 oncia / 2 cucchiai di olio
250 g/8 once/2¼ tazze di riso americano a grani lunghi, cotto

Versarvi sopra la coda, pulire e tagliare la carne a cubetti. Mettere in una ciotola o in una ciotola capiente e mescolare con sale e acqua bollente. Coprire con pellicola (di plastica) per far uscire il vapore e tagliare a metà. Cuocere per 14 minuti. Lasciare agire per 2 minuti.

Scolare bene, quindi mettere in un frullatore o in un robot da cucina e frullare. Ungere bene la teglia. Mescolare la purea di melanzane, la cipolla, la carne di manzo, metà del pangrattato, la salsa di peperoni e sale e pepe nero appena macinato a piacere. L'olio viene riscaldato nella caldaia. Cospargere con il pangrattato rimasto e spalmare con burro chiarificato. Cuocere a fuoco pieno per 10 minuti. Se lo si desidera, grigliare sotto una griglia calda (griglia) prima di servire come contorno. Servire con riso.

Patè di curry

Porte 8

675 g/1½ lb/6 tazze di manzo magro (macinato).
50 g/2 once/1 tazza di pangrattato fresco
1 cipolla aglio, schiacciata

1 uovo grande

300 ml/10 fl oz/1 Zuppa di Pomodoro Concentrata

6 pomodori

10 ml/2 cucchiai di salsa di soia

15-30 ml / 1-2 cucchiai di curry delicato in polvere

15 ml / 1 cucchiaio di concentrato di pomodoro (pasta)

1 cubetto di brodo di manzo

75 ml/5 cucchiai di masticabile al mango

Servire con riso bollito o purè di patate

Mescolare la carne di manzo, il pangrattato, l'aglio e l'uovo. Formare 16 palline e disporle sul bordo di una pirofila da 25 cm di diametro. Mescolare gli altri ingredienti e versare sugli gnocchi. Coprire con pellicola (di plastica) per far uscire il vapore e tagliare a metà. Cuocere per 18 minuti, girando la padella quattro volte. Lasciare riposare per 5 minuti. Aprire e sciacquare le zuppe con la salsa. Lasciare scoperto e scaldare per altri 1,5 minuti. Servire con riso al vapore o purè di patate.

Polpette italiane

Ne indossi 4

15 ml/2 cucchiai di olio d'oliva

1 cipolla, grattugiata

2 spicchi d'aglio, tritati finemente

450 g/1 libbra/4 tazze di manzo (macinato).

75 ml/5 cucchiai di pangrattato bianco fresco

1 uovo sbattuto

10 ml/2 cucchiai di sale
400 g / 1 tazza e ¾ di passata (pomodori secchi)
10 ml/2 cucchiai di zucchero di canna scuro morbido
5 ml/1 porzione di basilico secco o origano

Versare l'olio in una pentola profonda 20 cm, quindi aggiungere la cipolla e l'aglio. Cuocere a fuoco pieno per 4 minuti. Mescolare la carne con il pangrattato, l'uovo e metà del sale. Formare 12 palline. Aggiungeteli nella pentola e fate cuocere a fiamma alta per 5 minuti, girando gli gnocchi a metà cottura. Mescolare l'impasto, lo zucchero, l'origano e il sale rimanente. Versare le zuppe. Coprire con pellicola (di plastica) per far uscire il vapore e tagliare a metà. Cuocere per 10 minuti, girando la pentola tre volte. Lasciare riposare per 3 minuti prima di servire.

Gnocchi veloci alla paprika

Servizi 4-6

È ottimo con patate bollite o fritte (patatine fritte) se sei davvero bloccato!

450 g/1 libbra/4 tazze di manzo (macinato).
50 g/2 once/1 tazza di pangrattato fresco
1 cipolla aglio, schiacciata
1 uovo grande
300 ml / ½ pezzo / 1¼ tazza di passata (pomodori secchi)

300 ml / ½ pt / 1¼ tazze di acqua bollente

30 ml/2 cucchiai di peperone rosso e verde essiccato (olio).

10 ml/2 porzioni di paprika

5 ml/1 porzione di semi di cumino (facoltativo)

10 ml/2 cucchiai di zucchero di canna scuro morbido

5 ml/1 dose di sale

150 ml/5 oz/2/3 tazza di panna da montare (latte).

Mescolare la carne, il pangrattato, l'aglio e l'uovo. Formare 12 palline. Foderate una pirofila profonda da 20 cm/8 cm di diametro, amalgamate l'impasto con l'acqua. Aggiungi pepe, paprika, cumino e zucchero, se lo usi. Mettici sopra le zuppe. Coprire con pellicola (di plastica) per far uscire il vapore e tagliare a metà. Cuocere per 15 minuti, girando la pentola tre volte. Lasciare riposare per 5 minuti, condire con sale e panna. Riscaldare per 2 minuti.

Bistecca alle erbe

Porte 8

900 g/2 libbre/8 tazze di carne macinata (macinata).

2 uova grandi

1 cubetto di brodo di manzo

1 cipolla piccola, grattugiata finemente

60 ml/4 cucchiai di farina semplice (per tutti gli usi).

45 ml / 3 cucchiai di ketchup (gatto)

10 ml/2 porzioni di miscela di erbe secche

10 ml/2 cucchiai di salsa di soia

Decorare con pangrattato e fettine di scorza d'arancia

Mescolare bene tutti gli ingredienti tranne la salsa di soia. Imburrare una padella rettangolare da 1¼ quarto / 2 quarti / 5 tazze. Cospargere la parte superiore con salsa di soia. Coprire con pellicola (di plastica) per far uscire il vapore e tagliare a metà. Far bollire per 10 minuti, quindi cuocere nel microonde per 5 minuti. Girare la padella quattro volte e leggere per altri 12 minuti. Lasciare riposare per 5 minuti, quindi filtrare e scolare accuratamente il grasso e il succo in eccesso, che potranno essere utilizzati per condimenti e salse. Fatela raffreddare, poi adagiatela con cura su un piatto e decoratela con pangrattato e fettine di arancia. Servire affettato.

Bistecca di ceci alla malese con cocco

Ne indossi 4

2 cipolle rosse, affettate sottilmente
1 cipolla aglio, schiacciata
450 g / 1 1/ 4 tazze di carne macinata
125 g/1/2 tazza di burro di arachidi pressato
45 ml/3 cucchiai di cocco essiccato (grattugiato).
2,5 ml/cucchiaio di salsa di peperoncino
15 ml/1 cucchiaio di salsa di soia
2,5 ml/cucchiaino di sale

300 ml / ½ pt / 1¼ tazze di acqua bollente
175 g/1 tazza e ½ di riso cotto
sale aromatico (facoltativo)

Metti la cipolla, l'aglio e la carne di manzo in una casseruola da 1,5 quarti / 2,5 quarti / 6 tazze (forno olandese). Mescolare bene con una forchetta, assicurandosi che la bistecca sia ben macinata. Coprire con pellicola (di plastica) per far uscire il vapore e tagliare a metà. Cuocere per un totale di 8 minuti, girando il tagliere due volte. Aprite e mescolate tutti gli ingredienti tranne il riso. Coprite come prima e fate cuocere per altri 8 minuti, girando la padella tre volte. Lasciare riposare per 3 minuti. Coprire, mescolare e servire con riso cotto e sottaceti orientali a piacere.

Rotolo veloce di bistecca e maionese

Porta 6

Un ottimo piatto principale per la cena, più lussuoso di quanto ci si aspetterebbe da un pasto così veloce.

750 g/1½ libbre/6 tazze di manzo magro (macinato).
15 ml/1 cucchiaio di peperone rosso e verde essiccato (olio).
15 ml/1 cucchiaio di prezzemolo tritato finemente
7,5 ml/1 cucchiaino e mezzo di cipolla in polvere
30 ml/2 cucchiai di farina semplice (per tutti gli usi).
60 ml / 4 cucchiai di maionese densa

7,5 ml/1½ cucchiaio di senape in polvere
5 ml/1 porzione di salsa di soia

Stendere a 20 cm. Mescolare la carne con gli altri ingredienti e adagiarla con cura su un piatto. Coprire con pellicola (di plastica) per far uscire il vapore e tagliare a metà. Cuocere per 12 minuti, girando la pentola quattro volte. Lasciamo riposare per 5 minuti, poi togliamo il pane dalla ciotola con due spatole e lasciamo l'olio. Disporre su un piatto e tagliare in sei porzioni.

Bistecca in umido al vino rosso

Ne indossi 4

È intelligente e deliziosa, soprattutto la classica pasta con formaggio o patate dolci, o magari i cuori di carciofo ripieni, scaldati in un filo d'olio.

30 ml/2 cucchiai di burro o margarina
2 cipolle grandi, grattugiate
1 cipolla aglio, schiacciata
125 g di funghi tagliati a fettine sottili
450 g/1 libbra di manzo, tritato finemente (sopra)
15 ml / 1 cucchiaio di concentrato di pomodoro (pasta)
15 ml/1 cucchiaio di prezzemolo tritato

15 ml/1 cucchiaio di farina di mais (amido di mais)
5 ml/1 cucchiaio se molto piccante
300 ml / ½ pt / 1 ¼ tazza di vino rosso secco
5 ml/1 dose di sale

Mettete il burro o la margarina in una teglia da 20 cm di diametro (forno olandese). Aprire mentre si scioglie per 1-1,5 minuti. Mescolare con cipolla, aglio e funghi. Cuocere a fuoco pieno per 5 minuti. Mescolare la bistecca, quindi disporre il composto attorno al bordo della padella, lasciando un po' di spazio al centro. Coprire con un piatto e cuocere per 5 minuti abbondanti. Nel frattempo mescolare la passata di pomodoro, il prezzemolo, il mais e la senape. Sfumare delicatamente con il vino rosso, quindi incorporare il resto. Incorporate delicatamente al composto di manzo. Coprite con un coperchio e fate cuocere a fuoco pieno per 5 minuti, mescolando due volte. Lasciare riposare per 3 minuti. Aggiustare di sale e servire.

Acqua liscia

6-8 pasti

750 g dolci (melanzane)
Succo di 1 limone
20 ml/4 cucchiai di olio d'oliva
1-2 spicchi d'aglio, schiacciati
250 ml/8 fl oz/1 tazza di frais frais o ricotta
15 ml/1 cucchiaio di pangrattato tritato finemente
1,5 ml/¼ cucchiaino di zucchero di canna (fino).
7,5-10 ml / 1½ - 2 cucchiai di sale

Versate sopra l'impasto e tagliatelo a metà nel senso della lunghezza. Disponetele su un piatto largo e coprite con carta da cucina. Cuocere per 8-9 minuti o finché saranno teneri. Metti la carne direttamente nel robot da cucina e aggiungi il resto degli ingredienti. Procedere fino a ottenere un composto liscio e cremoso. Coprire, coprire e far raffreddare leggermente prima di servire.

Viene marinato in una miscela di verdure, pomodori ed erbe aromatiche

6-8 pasti

750 g dolci (melanzane)
5 ml/1 cucchiaio di pangrattato tritato finemente
75 ml/3 porzioni di foglie di coriandolo tritate finemente
5 ml/1 porzione di prezzemolo tritato
3 pomodori pelati, senza torsolo e tagliati a fette sottili

Versate sopra l'impasto e tagliatelo a metà nel senso della lunghezza. Disponetele su un piatto largo e coprite con carta da cucina. Cuocere per 8-9 minuti o finché saranno teneri. Mettete la carne direttamente nel robot da cucina e aggiungete il resto degli ingredienti tranne i pomodori. Procedere fino a ottenere un composto liscio e cremoso. Frullare i pomodori, quindi metterli su un piatto e lasciarli raffreddare un po' prima di servire.

Salsa Tahini di melanzane mediorientale

6-8 pasti

750 g dolci (melanzane)
45 ml / 3 cucchiai di tahini (pasta di cetriolo)
Succo di 1 limone piccolo
1 spicchio d'aglio, affettato sottilmente
25 ml/1½ cucchiaio di olio d'oliva
1 cipolla piccola, affettata
60 ml/4 cucchiai di foglie di coriandolo tritate
5 ml/1 porzione di zucchero di canna (molto fine).
5-10 ml/1-2 cucchiai di sale

Versate sopra l'impasto e tagliatelo a metà nel senso della lunghezza. Disponetele su un piatto largo e coprite con carta da cucina. Cuocere per 8-9 minuti o finché saranno teneri. Rimuovere la pelle dalla carne direttamente nel robot da cucina. Aggiungere gli altri ingredienti e aggiustare di sale. Procedere fino a ottenere un composto liscio e cremoso. Disporre su un piatto e servire a temperatura ambiente.

Mandorle turche

6-8 pasti

750 g dolci (melanzane)
30 ml/2 cucchiai di olio d'oliva
Succo di 1 limone grande
Da 2,5 a 5 ml / da ½ a 1 cucchiaio di sale
2,5 ml/½ cucchiaino di zucchero di canna (fino).
Decorare con olive nere, striscioline di peperoncino (olio) e fette di pomodoro

Versate sopra l'impasto e tagliatelo a metà nel senso della lunghezza. Disponetele su un piatto largo e coprite con carta da cucina. Cuocere per 8-9 minuti o finché saranno teneri. Metti la carne direttamente nel robot da cucina e aggiungi il resto degli ingredienti. Prepariamo un porridge di mezzo grano liscio. Disporre su un piatto e guarnire con olive, peperoncino e fette di pomodoro.

Immersione greca

6-8 pasti

750 g dolci (melanzane)
1 cipolla piccola, tritata finemente
2 spicchi d'aglio, affettati sottilmente
5 ml/1 porzione di aceto di malto
5 ml/1 cucchiaino di succo di limone
150 ml/¼ pt/2/3 tazza di olio d'oliva leggero
2 pomodori grandi senza semi, privati del torsolo e tagliati grossolanamente
Guarnire con prezzemolo, peperoncino verde o rosso (olio) e cerchietti di olive nere

Versate sopra l'impasto e tagliatelo a metà nel senso della lunghezza. Disponetele su un piatto largo e coprite con carta da cucina. Cuocere per 8-9 minuti o finché saranno teneri. Togliere la pelle dalla carne in un robot da cucina e aggiungere la cipolla, l'aglio, l'aceto, il succo di limone e l'olio. Ricicla bene. Mettetela in una ciotola capiente e mescolatela ai pomodorini. Disporre su un piatto e guarnire con prezzemolo, peperoni e olive.

Palude di Cau

Servizi 4-6

Molto elegante e unico, il bagno italiano di Ansi va tenuto caldo sul fornello ad alcool posto sul tavolo da pranzo. Gli gnocchi sono solitamente verdure crude o cotte. Utilizzare solo olio extravergine di oliva dal colore dorato chiaro poiché può essere morbido e delicato o dal sapore troppo forte.

30 ml/2 cucchiai di olio d'oliva
25 g/1 oncia/2 cucchiai di burro non salato (dolce).
1 cipolla aglio, schiacciata
50 g / 2 once / 1 contenitore piccolo di filetti di acciughe
60 ml/4 cucchiai di prezzemolo tritato finemente
15 ml/1 cucchiaio di foglie di basilico tritate finemente

Mettete l'olio, il burro e l'aglio in una casseruola non metallica. Aggiungete l'olio della pentola insieme all'anice stellato, al prezzemolo e al basilico. Tagliare le acciughe a fettine sottili e aggiungerle nella padella. Coprite parzialmente la padella con un piatto e fate cuocere in padella per 3-4 minuti finché la salsa non sarà ben riscaldata. Accendi il fornello caldo e mantienilo caldo mentre mangi.

Arrivederci

Ne indossi 4

Una ricetta della Louisiana che mi ha accompagnato da questa parte umida del Nord America.

2 caramelle (melanzane) totale 550 g / 1¼ lbs
1 cipolla rossa, affettata sottilmente
1 cipolla rossa grande, affettata sottilmente
½ peperone verde (olio), senza semi e tagliato a fettine sottili
30 ml/2 cucchiai di olio di girasole o di mais
3 pomodori pelati e affettati
75 g / 3 once / 1 tazza e ½ di pangrattato bianco fresco
Sale e pepe nero appena macinato
50 g di formaggio cheddar grattugiato

Pungere la pelle attorno a ciascuna cuticola con un coltello affilato. Mettetelo su un piatto, copritelo con carta da cucina, giratelo una volta e fatelo cuocere completamente per 6 volte. Dovrebbe risultare morbido, altrimenti continuate a cuocere per 1-2 minuti. Tagliateli ciascuno a metà nel senso della lunghezza, quindi mettete la polpa in un frullatore o in un robot da cucina ed eliminate la pelle. Il procedimento della purea. Mettete il sedano, la cipolla, il peperone verde e l'olio in una pentola da 2 litri (dutch forno), coprite e fate cuocere a fuoco pieno per 3 minuti. Aggiungete il purè di patate, i pomodori, il pangrattato, sale e pepe e fate cuocere per altri 3 minuti. Coprire, cospargere di formaggio e cuocere senza coperchio per 2 minuti. Lasciare riposare per 2 minuti prima di servire.

Funghi cocktail salati

Porte 8

60 ml/4 cucchiai di aceto di vino rosso
60 ml/4 cucchiai di olio di girasole o di mais
1 cipolla, affettata molto sottilmente
5 ml/1 dose di sale
15 ml/1 cucchiaio di foglie di coriandolo tritate
5 ml/1 porzione di senape delicata
15 ml/1 cucchiaio di zucchero di canna morbido
5 ml/1 porzione di salsa Worcestershire
peperoncino di Cayenna
350 g di funghi

Condire l'aceto, l'olio, la cipolla, il sale, il coriandolo, la senape, lo zucchero e la salsa Worcestershire in una teglia da 2 litri (forno olandese). Coprite con un piatto e fate cuocere a fuoco vivace per 6 minuti. Incorporate i funghi. Una volta raffreddato, coprire e conservare in frigorifero per circa 12 ore. Scolare e immergere in acqua con panna acida.

Melanzane fritte ripiene di uovo e pinoli

Servizi 2

2 caramelle (melanzane) totale 550 g / 1¼ lbs
10 ml/2 cucchiai di succo di limone
75 g / 3 once / 1 tazza e ½ di pangrattato fresco bianco o marrone
45 ml/3 cucchiai di pinoli tostati
7,5 ml / 1½ cucchiaio di sale
1 cipolla aglio, schiacciata
3 uova sode (sode), tritate
60 ml/4 cucchiai di latte
5 ml/1 cucchiaino di miscela di erbe secche
20 ml/4 cucchiai di olio d'oliva

Pungere la pelle attorno a ciascuna cuticola con un coltello affilato. Mettetelo su un piatto, copritelo con carta da cucina, giratelo una volta e fatelo cuocere completamente per 6 volte. Dovrebbe risultare morbido, altrimenti continuate a cuocere per 1-2 minuti. Tagliare l'agnello a metà su entrambi i lati, quindi mettere la carne in un frullatore o in un robot da cucina, lasciando intatta la pelle. Aggiungere il succo di limone e frullare fino ad ottenere un composto omogeneo. Mettetela in una ciotola e mescolate tutti gli ingredienti tranne l'olio. Disporre i funghi con il guscio, quindi posizionare le estremità strette verso il centro del piatto. Versare sopra l'olio, coprire con carta da cucina e scaldare per 4 minuti. Mangiare caldo o freddo.

Fungo greco

Ne indossi 4

1 mazzo di buste guarnite
1 cipolla aglio, schiacciata
2 rotoli di carta
60 ml/4 cucchiai di acqua
30 ml/2 cucchiai di succo di limone
15 ml/1 cucchiaio di aceto di vino
15 ml/1 cucchiaio di olio d'oliva
5 ml/1 dose di sale
450 g/1 libbra di funghi
30 ml/2 cucchiai di prezzemolo tritato

Mettete tutti gli ingredienti tranne i funghi e il prezzemolo in una ciotola capiente. Coprire con un piatto e scaldare per 4 minuti. Aggiungere i funghi, coprire come prima e cuocere per altri 3,5 minuti. Raffreddare per alcune ore, coprire e conservare in frigorifero. Eliminate la guarnizione, disponete i funghi su quattro piatti, cospargeteli ciascuno con il prezzemolo e servite.

Vinaigrette ai carciofi

Ne indossi 4

450 g/1 libbra di cicoria
Vinaigrette fatta in casa o acquistata in negozio
10 ml/2 cucchiai di prezzemolo tritato
5 ml/1 cucchiaio di dragoncello tritato finemente

Mettete i carciofi e un po' d'acqua in una ciotola e coprite con un piatto. Cuocere per 10 minuti, girando la padella due volte. Asciugare bene e tagliare a fette spesse. Versarvi sopra la salsa vinaigrette. Dividere in quattro piatti, cospargere con prezzemolo e dragoncello.

Insalata Cesare

Ne indossi 4

Questa classica insalata, creata da Cesare Cardini negli anni '20, presenta un'insolita salsa di pesce. Uno spuntino meravigliosamente semplice, ma classicamente delizioso.

1 cestino di lattuga (romana), refrigerata
1 cipolla aglio, schiacciata
60 ml/4 cucchiai di olio extra vergine di oliva
Sale e pepe nero appena macinato
2 uova grandi
5 ml/1 porzione di salsa Worcestershire
Succo di 2 limoni, filtrare
90 ml/6 cucchiai di parmigiano grattugiato fresco
50 g/2 once/1 tazza di spicchi d'aglio

Tagliare l'insalata in pezzi di 5 cm e metterla in un'insalatiera con aglio, olio e spezie a piacere. Smaltitelo con attenzione. Per cuocere le uova, fodera un piatto con pellicola trasparente e rompi le uova. Cuocere in freezer per 1 minuto e mezzo. Aggiungere nell'insalatiera con tutti gli altri ingredienti e mescolare bene. Disporre sui piatti e servire subito.

Cicoria olandese con uova e burro

Ne indossi 4

8 teste (indivia belga)
30 ml/2 cucchiai di succo di limone
75 ml/5 cucchiai di acqua bollente
5 ml/1 dose di sale
75 g di burro a temperatura ambiente e molto morbido
4 uova sode (sode), tritate

Affettate la cicoria e affettatela ciascuna a forma di cono perfetto per evitare il sapore amaro. Disporre la cicoria in un unico strato in una pirofila da 20 cm, aggiungere il succo di limone e l'acqua. Cospargere di sale. Coprire con pellicola (di plastica) per far uscire il vapore e tagliare a metà. Cuocere per 15 minuti. Lasciare agire per 3 minuti, quindi asciugare. Mentre la cicoria cuoce, sbattere l'olio fino ad ottenere una crema chiara e cremosa. Mescolare le uova. Disporre la cicoria su quattro piatti caldi e versarvi sopra il composto di uova. Mangia subito.

Maionese con uova

Capitolo 1

Uno degli antipasti tipici della Francia, la maionese all'uovo può variare a seconda dell'antipasto e del gusto.

Foglie di lattuga tritate
1-2 uova sode (sode), tagliate a metà
Usa la maionese o quella acquistata in negozio
4 piselli in scatola sott'olio
1 pomodoro, a fette

Metti l'insalata su un piatto. Spennellare con l'uovo, tagliare con la parte rivolta verso il basso. Spalmatela densamente con la maionese e conditela con le acciughe e le fettine di pomodoro.

Uovo Skordalia con maionese

Ne indossi 4

Una versione semplificata di una complessa salsa di maionese all'aglio con pangrattato che completa il sapore e la consistenza dell'uovo.

150 ml/¼ porzione/2/3 tazza di maionese
1 cipolla aglio, schiacciata
10 ml/2 cucchiai di pangrattato bianco fresco
15 ml/1 cucchiaio di mandorle tritate
10 ml/2 cucchiai di succo di limone
10 ml/2 cucchiai di prezzemolo tritato
Foglie di lattuga tritate
2 o 4 uova sode (sode), divise in due parti
1 cipolla rossa, affettata molto sottilmente
Piccole olive nere greche per decorazione

Mescolare maionese, aglio, pangrattato, mandorle, succo di limone e prezzemolo. Metti l'insalata su un piatto, metti sopra mezzo uovo. Guarnire con il composto di maionese, quindi decorare con cipolline e olive.

Beccaccia scozzese

Ne indossi 4

Appartiene alla vecchia lega dei club per gentiluomini della città e rimane uno dei panini gay più lussuosi.

4 fette di pane
Aglio
Gentleman's Relish o pasta Ansi
2 frittate extra cremose
Qualche goccia di acciughe conservate nel burro per la decorazione

Il pane viene tostato e poi imburrato. Spalmare Gentleman's Relish in uno strato sottile o in una pastella, tagliare ogni fetta in quarti e tenere al caldo. Preparare un uovo in camicia extra cremoso e versarlo sul pane tostato. Decorare con un filetto di acciuga.

Uova con maionese svedese

Ne indossi 4

Foglie di lattuga tritate
1-2 uova sode (sode), tagliate a metà
25 ml / 1½ cucchiaio di mela (mela)
Versare lo zucchero.
150 ml/¼ pt/2/3 tazza di salsa maionese oppure usa la maionese acquistata in negozio
5 ml/1 cucchiaino di salsa
5-10 ml / 1-2 cucchiai di caviale artificiale nero o arancione
1 mela da mangiare, affettata sottilmente con la buccia rossa (dessert)

Metti l'insalata su un piatto. Spennellare con l'uovo, tagliare con la parte rivolta verso il basso. Addolcire leggermente la mela con lo zucchero a velo, quindi mescolare con la maionese. Rivestire le uova con questo composto e decorare con fettine di carota e mela simulate.

Insalata di fagioli turchi

Porta 6

In Turchia si chiama fensia plaki ed è in realtà una porzione di fagioli (di mare) in scatola e verdure mediterranee. È un antipasto parsimonioso e richiede un po' di pane serio per accompagnarlo.

75 ml/5 cucchiai di olio d'oliva
2 cipolle, grattugiate finemente
2 spicchi d'aglio, tritati finemente
1 grosso pomodoro maturo frullato, sbucciato, senza torsolo e tritato
1 peperone verde (olio), senza semi e tagliato a fettine molto sottili
10 ml/2 cucchiaini di zucchero di canna (molto gustoso).
75 ml/5 cucchiai di acqua
Da 2,5 a 5 ml / da ½ a 1 cucchiaio di sale
30 ml / 2 cucchiai di aglio tritato (snidling)
400 g/14 once/1 lattina grande di fagioli

Metti l'olio, la cipolla e l'aglio in una casseruola da 1,75 litri e mescola due volte per 5 minuti. Mescolare i pomodori, il peperone verde, lo zucchero, l'acqua e il sale. Coprire due terzi dello stampo con un piatto e mescolare due volte per 7 minuti. Lasciare raffreddare completamente, coprire e riporre in frigorifero per alcune ore. Mescolare la cipolla e i fagioli. Coprire nuovamente e conservare in frigorifero per un'altra ora.

Insalata di fagioli con uova

Porta 6

Preparate un'insalata di fagiolini, ma decorate ogni porzione con fettine di uovo sodo.

Consigli sull'erba

Porta 6

Filetto di aringa da 275 g
75 g/3 once/1/3 tazza di crema di formaggio
Succo di ½ limone
Preparare 2,5 ml/½ cucchiaino di senape inglese o continentale
1 spicchio d'aglio, affettato sottilmente (facoltativo)
Toast caldo o cracker (biscotti) per servire

Consigli per il microonde. Togliere la pelle e le ossa ed eliminare la carne. Mettetelo nel robot da cucina con il resto degli ingredienti e lavorate finché la massa non diventerà una pasta. Mettilo su un piattino e liscia la parte superiore. Coprire e conservare in frigorifero per impostare. Si serve su crostini di pane caldo o su cracker salati.

Piatti

Ne indossi 4

Un'altra classica ricetta del British Revival. Servire con pane tostato bianco sottile appena sfornato.

175 g / 6 oz / ¾ tazza di burro non salato (dolce).
225 g / 8 once / 2 tazze di piselli piccoli
Un po 'di tutto
Pepe bianco
Tostare e servire

Mettete il burro su un piatto e coprite con un piatto. Microonde per sciogliersi, circa 2-3 minuti. Aggiungere un cucchiaio di burro a due terzi del burro e condire con cipolla e pepe. Versare in quattro casseruole o stampini. Coprire uniformemente con il resto dell'impasto. Conservare in frigorifero finché il burro non si solidifica. Disporre sui piatti e mangiare con pane tostato.

Uova strapazzate fritte con avocado

Ne indossi 4

Una ricetta degli anni Settanta per un pasto leggero o un inizio abbondante.

2 cipolle rosse, affettate sottilmente
60 ml/4 cucchiai di pangrattato bianco fresco
2,5 ml/½ cucchiaino di scorza di limone grattugiata finemente
5 ml / 1 cucchiaino di sale di cipolla
2,5 ml/½ cucchiaino di paprika
45 ml/3 cucchiai di panna (light).
Il nuovo posto è pepe nero
2 avocado medi, appena maturi
2 uova sode (sode), tritate
20 ml/4 cucchiai di pangrattato tostato
20 ml/4 porzioni di burro fuso

Mescolare il sedano, il pangrattato, la scorza di limone, la cipolla, la paprika e la panna, quindi condire con pepe a piacere. Tagliare l'avocado a metà ed eliminare il seme. Tirate fuori un po' di carne per fare spazio al ripieno e tritatela grossolanamente. Aggiungere la carne all'involtino. Mescolare bene e aggiungere la buccia di avocado. Posizionare la punta sul piatto verso il centro. Spolverizzate con pangrattato cotto e irrorate con olio. Coprire con carta da cucina e scaldare per 4-5 minuti. Mangia subito.

Avocado ripieno di pomodoro e formaggio

Serve come 2 piatti principali e 4 antipasti

Una miscela perfetta per i vegetariani e per chi la pensa così.

2 avocado maturi
Succo di ½ lime
50 g/2 once/1 tazza di pangrattato morbido e marrone
1 cipolla piccola, grattugiata finemente
2 pomodori pelati, senza torsolo e tritati
Sale e pepe nero appena macinato
50 g/½ tazza di formaggio a pasta dura, grattugiato
Pepe
8 noci tostate

Tagliare l'avocado a metà e togliere la polpa direttamente nel piatto. Aggiungere il succo di limone e mescolare bene con una forchetta. Aggiungere il pangrattato, la cipolla e il pomodoro, aggiustare di sale e pepe. Aggiungere la buccia dell'avocado e cospargere con formaggio e paprika. Decorare ciascuna metà con due noci. Disporre su un piatto grande con il lato più grande rivolto verso l'interno. Coprite con carta da cucina e infornate per 5-5 minuti e mezzo. Servire immediatamente.

Insalata scandinava con panini e mele

Ne indossi 4

Anelli di mela essiccata da 75 g/3 once
150 ml/¼ pt./2/3 tazza di acqua
3 involtini di cipolla
Panna montata o panna doppia (pesante) 150 ml/¼ pt/2/3 tazza.
Servire con pasta sfoglia

Lavare le fette di mela, tagliarle a pezzetti, metterle in una ciotola media e aggiungere acqua. Coprire con un piatto e scaldare per massimo 5 minuti. Lasciare agire per 5 minuti, quindi risciacquare abbondantemente. I rotoli vengono arrotolati e tagliati diagonalmente in strisce. Aggiungere la mela e la cipolla e mescolare con la panna acida. Coprire e marinare in frigorifero per una notte. Mescolare prima di servire, quindi disporre su piatti separati e servire con pane croccante.

Mop con salsa al curry e insalata di mele

Ne indossi 4

Preparalo come un rollmop scandinavo e un'insalata di mele, ma sostituisci metà con maionese e l'altra con crème fraîche. Condire con pasta di curry a piacere.

Insalata con formaggio di capra e condimento caldo

Ne indossi 4

12 foglie piccole di lattuga
1 contenitore
20 pale di razzi
4 formaggi caprini individuali
90 ml / 6 cucchiai di olio di semi d'uva
30 ml/2 cucchiai di olio di cocco
10 ml/2 cucchiai di acqua di fiori d'arancio
10 ml/2 cucchiai di senape di Digione
45 ml/3 cucchiai di riso o aceto
10 ml/2 cucchiaini di zucchero di canna (molto gustoso).
5 ml/1 dose di sale

Lavare e asciugare le foglie di lattuga. Tagliare il serbatoio dell'acqua, lavare e asciugare. Lavare e asciugare la rucola. Disporre questi tre ordinatamente su quattro piatti separati e posizionare il formaggio al centro di ciascuno. Mettete gli altri ingredienti in una ciotola e fate cuocere senza coperchio per 3 minuti. Mescolare e poi versare su ogni insalata.

Gelato al pomodoro gelatinoso

Ne indossi 4

4 pomodori pelati, senza torsolo e tritati
5 ml/1 porzione di radice di zenzero fresca tritata finemente
5 ml/1 cucchiaino di scorza di lime grattugiata finemente
20 ml/4 cucchiai di porcellana
750 ml/1¼ pezzo/3 tazze di brodo di pollo
30 ml / 2 cucchiai di concentrato di pomodoro (pasta)
5 ml/1 porzione di salsa Worcestershire
5 ml/1 porzione di zucchero di canna (molto fine).
5 ml/1 cucchiaio di sale di sedano
20 ml / 4 cucchiai
Per la semina dei semi di sesamo
Cracker al formaggio (biscotti) per servire

Dividere equamente i pomodori in quattro grandi bicchieri da vino, quindi cospargerli con zenzero e limone. Mettete la gelatina in una ciotola da 1,5 litri con 75 ml/5 cucchiai tenuti da parte e fatela ammorbidire per 5 minuti. Quasi solubile, non solubile, solubile. 2 minuti. Mescolare il resto della zuppa con concentrato di pomodoro, salsa Worcestershire, zucchero e sale di sedano. Mescolare delicatamente fino ad ottenere un composto omogeneo, quindi conservare in frigorifero finché non si addensa leggermente. Versare sui pomodori e fare raffreddare. Prima di servire, cospargere i cracker al formaggio con 5 ml/1 cucchiaino di crème fraîche e semi di sesamo.

Pomodori ripieni

Ne indossi 4

Un antipasto sano ma sofisticato e delizioso servito su pane tostato con burro o burro all'aglio (cipolle).

6 pomodori
1 cipolla, grattugiata
50 g/2 once/1 tazza di pangrattato fresco
5 ml/1 cucchiaio di senape preparata
5 ml/1 dose di sale
15 ml/1 cucchiaio di erba cipollina o prezzemolo tritati
50 g / 2 oz / ½ tazza di carne o pollame cotti freddi, gamberetti a dadini (gamberetti) o formaggio grattugiato
1 uovo piccolo, sbattuto

Tagliare i pomodori a metà, togliere la parte centrale su un piatto, eliminare i semi duri. Mettete le bucce capovolte su carta da cucina per farle scolare. Mettete tutti gli altri ingredienti in una ciotola e aggiungete il concentrato di pomodoro. Mescolare bene con una forchetta, quindi versare sopra le metà dei pomodorini. Posiziona due anelli uno dentro l'altro attorno al bordo del piatto. Coprite con carta da cucina e fate cuocere per 7 minuti, girando la padella tre volte. Servire caldo, tre porzioni e mezza.

Pomodori ripieni italiani

Ne indossi 4

6 pomodori
75 g / 3 once / 1 tazza e ½ di pangrattato fresco integrale
175 g di mozzarella
2,5 ml/cucchiaio di origano secco
2,5 ml/cucchiaino di sale
10 ml/2 porzioni di foglie di basilico tritate finemente
1 cipolla aglio, schiacciata
1 uovo piccolo, sbattuto

Tagliare i pomodori a metà, togliere la parte centrale su un piatto, eliminare i semi duri. Mettete le bucce capovolte su carta da cucina per farle scolare. Mettete tutti gli altri ingredienti in una ciotola e aggiungete il concentrato di pomodoro. Mescolare bene con una forchetta, quindi versare sopra le metà dei pomodorini. Posiziona due anelli uno dentro l'altro attorno al bordo del piatto. Coprite con carta da cucina e fate cuocere per 7-8 minuti, girando la teglia tre volte. Servire caldo o freddo, tre porzioni e mezza.

Coppe per insalata di pomodoro e pollo

Ne indossi 4

/ 450 ml / ¾ per 2 tazze di brodo
15 ml/1 cucchiaino di gelatina in polvere
30 ml / 2 cucchiai di concentrato di pomodoro (pasta)
1 cipolla piccola, grattugiata finemente
5 ml/1 porzione di zucchero di canna (molto fine).
1 peperone verde (grasso), tritato finemente
175 g / 6 oz / 1 tazza e ½ di carne cotta fredda, tagliata a fette sottili
1 carota, grattugiata
2 anelli di ananas in scatola (non fresco o in gelatina)
2 uova sode (sode), grattugiate

Versare metà della zuppa in una casseruola da 1,5 quarti/2½ quarti/6 tazze. Unire la gelatina e farla ammorbidire per 5 minuti. Scongelarlo in una padella, senza coperchio, per 2-2 minuti e mezzo. Aggiungere gli altri ingredienti e mescolare bene. Coprire e conservare in frigorifero finché non si raffredda e inizia ad addensarsi, quindi aggiungere il resto degli ingredienti tranne l'uovo. Dividere in quattro bicchieri e conservare in frigorifero fino a solidificazione. Spennellare con l'uovo prima di servire.

Uovo e cipolla tritata

4 è aperto e 6 è aperto

Un grande classico ebraico che si gusta al meglio con cracker simili alla tradizionale matzah. Il vantaggio più grande è cuocere le uova nel microonde: la cucina è umida e non ci sono piatti da lavare. Qui si consiglia il burro o altra margarina, ma la comunità ortodossa utilizza solo margarina vegetale.

5 uova sode (sode), sbucciate e affettate sottilmente
40 g / 1½ oz / 3 cucchiai di burro o margarina, ammorbidito
1 cipolla, grattugiata finemente
Sale e pepe nero appena macinato
Lattuga o prezzemolo per guarnire

Sbattere le uova sbattute con burro o margarina. Mescolare con la cipolla e condire. Disporre su quattro piatti e guarnire ciascuno con lattuga o prezzemolo.

Quiche Lorraine

Servizi 4-6

Flan dall'originale gusto francese, ovvero una specie di "senape".

Per la pasta (pasta):
175 g/6 once/1 tazza e ½ di farina semplice (per tutti gli usi).
1,5 ml/¼ cucchiaino di sale
100 g / 3½ oz / ½ tazza piccola di margarina di burro mescolata con grasso bianco o strutto, oppure utilizzare margarina intera
1 tuorlo piccolo
Compilare:
6 fette di pancetta
3 uova
300 ml / ½ cucchiaino / 1 tazza e ¼ di latte o panna (leggera)
2,5 ml/½ cucchiaino di sale
Il nuovo posto è pepe nero
Noci grattugiate

Per la pasta, mettere in una ciotola la farina e il sale. Impastare con l'olio fino ad ottenere una mollica di pane, quindi impastare con acqua fredda fino ad ottenere un impasto sodo. Coprire con un foglio di alluminio e riporre in frigorifero per ½-¾ ora. Girare su una superficie rotolante e impastare velocemente e facilmente fino a ottenere un composto liscio. Stendere un cerchio sottile e foderare una pirofila di vetro, porcellana o ceramica del diametro di 20 cm. Pizzicare il bordo superiore con una piccola sfoglia, quindi premere con una forchetta. Cuocere per 6 minuti, girando il tagliere due volte. Se l'impasto dovesse gonfiarsi in alcuni punti, premerlo delicatamente con le mani resistenti al forno. Spennellate con tuorlo d'uovo e infornate per 1 minuto in modo che i buchi si chiudano. Tenete da parte mentre preparate il ripieno.

Metti la pancetta su un piatto rivestito di carta assorbente, copri con un secondo tovagliolo di carta e cuoci per 5 minuti, girando una volta. Scolare e raffreddare leggermente. Tagliate ogni torta in tre parti e disponetele sul fondo dello stampo a cerniera. Condire le uova con latte o panna, sale e pepe. Decorare con cura la carne di maiale e cospargerla con le noci. Cuocere per 10-12 minuti o finché non iniziano a formarsi delle bolle al centro, ruotando la padella quattro volte. Mettere da parte per 10 minuti prima di affettare. Mangiare caldo o freddo.

Formaggio e pomodoro

Servizi 4-6

Preparatela come la Quiche Lorraine, ma sostituite la pancetta con tre pomodori pelati e affettati.

Mescolare con salmone affumicato

Servizi 4-6

Preparare allo stesso modo della Quiche Lorena, ma sostituite i 175 g di carne di maiale con fettine di salmone affumicato.

La crêpe è corta

Servizi 4-6

Preparare allo stesso modo della Quiche Lorena, ma sostituire il maiale con 175 g di carne macinata.

spinaci

Servizi 4-6

Preparatela come la Quiche Lorena, ma ricoprite la crosta con 175 g di spinaci cotti e secchi al posto della pancetta. (Gli spinaci devono essere asciutti se possibile, altrimenti la pasta (pasta) risulterà morbida.)

mar Mediterraneo

Servizi 4-6

Preparatela come la Quiche Lorraine, ma al posto della pancetta ricoprite la crosta con 185 g di scaglie di tonno azzurro, 12 olive nere e 20 ml/4 cucchiai di passata di pomodoro (concentrato).

Quiche con asparagi

Servizi 4-6

Preparala come la Quiche Lorena, ma sostituisci i 350 g di maiale con asparagi grandi. Scolare bene, lasciare sei spiedini, tagliare il resto. Viene utilizzato per coprire il fondo della pentola. Guarnire con uno spiedino.

Noce rotta

Servizi 4-6

Mezze noci da 225 g/8 once/2 tazze
50 g/2 once/¼ tazza di burro
10 ml/2 porzioni di olio di mais
5 ml/1 porzione di senape in polvere
5 ml/1 porzione di paprika
5 ml/1 cucchiaio di sale di sedano
5 ml / 1 cucchiaino di sale di cipolla
2,5 ml/cucchiaio di peperoncino in polvere
Sale

Tostare le noci. Scaldare il burro e l'olio in una padella bassa e scoperta per 1,5 minuti. Aggiungere le noci e mescolare delicatamente l'olio e il burro fino a quando l'olio non sarà ben amalgamato. Lasciare scoperte e cuocere per 3-4 minuti, girandole spesso e osservando attentamente se iniziano a dorarsi. Versare l'acqua su carta da cucina. In un sacchetto di plastica, mescolare la senape in polvere, la paprika, il sale di sedano, lo scalogno, il peperoncino in polvere e il sale a piacere. Conservare in un contenitore ermetico.

Noci con curry brasiliano

Servizi 4-6

225 g/8 once/2 tazze di noci del Brasile, tritate grossolanamente
50 g/2 once/¼ tazza di burro
10 ml/2 porzioni di olio di mais
20 ml/4 porzioni di curry in polvere delicato, medio o piccante
Sale

Noci brasiliane. Scaldare il burro e l'olio in una padella bassa e scoperta per 1,5 minuti. Aggiungere le noci e mescolare delicatamente l'olio e il burro fino a quando l'olio non sarà ben amalgamato. Lasciare scoperte e cuocere per 3-4 minuti, girandole spesso e osservando attentamente se iniziano a dorarsi. Versare l'acqua su carta da cucina. Metti il curry e il sale in un sacchetto di plastica a piacere. Conservare in un contenitore ermetico.

Formaggio blu e noci pecan

Servizi 4-6

Un'aggiunta sofisticata alla famiglia delle quiche.

Per la pasta (pasta):
175 g/6 once/1 tazza e ½ di farina semplice (per tutti gli usi).
1,5 ml/¼ cucchiaino di sale
100 g / 3½ oz / ½ tazza piccola di margarina di burro mescolata con grasso bianco o strutto, oppure utilizzare margarina intera
45 ml/3 cucchiai di noci pecan tritate finemente
1 tuorlo piccolo

Compilare:
200 g / 7 oz / piccola 1 tazza di formaggio cremoso intero
30-45 ml/2-3 cucchiai di erba cipollina o cipollotti tritati finemente
125 g / 4 oz / porzione 1 tazza di formaggio blu, sbriciolato
5 ml/1 porzione di paprika
3 uova
60 ml/4 cucchiai di panna o panna (light).
Sale e pepe nero appena macinato

Per la pasta, mettere in una ciotola la farina e il sale. Strofinare il composto nell'olio finché non assomiglia a del pangrattato fine, quindi aggiungere le noci tritate. Mescolare l'impasto con acqua fredda. Coprire con un foglio di alluminio e riporre in frigorifero per ½-¾ ora. Girare su una superficie rotolante e impastare velocemente e facilmente fino a ottenere un composto liscio. Stendere un cerchio sottile e foderare una pirofila di vetro, porcellana o ceramica del diametro di 20 cm. Pizzicare il bordo superiore con una piccola sfoglia, quindi premere con una forchetta. Cuocere per 6 minuti, girando il tagliere due volte. Se l'impasto dovesse gonfiarsi in alcuni punti, premerlo delicatamente con le mani resistenti al forno. Spennellate con tuorlo d'uovo e infornate per 1 minuto in modo che i buchi si chiudano. Tenete da parte mentre preparate il ripieno.

Mettete gli ingredienti del ripieno in un robot da cucina, aggiungete sale e pepe e frullate fino ad ottenere un composto omogeneo. Distribuirlo leggermente nell'impasto (biscotto). Cuocere per 14 minuti, girando la padella tre volte. Lasciare riposare per 5 minuti. Mangiare caldo o freddo.

Fegato ricco

8-10 pasti

Servire con pane tostato caldo in occasione di feste sontuose o pasti speciali.

250 g / 9 once / generosa 1 tazza di burro
1 cipolla aglio, schiacciata
450 g di fegato di pollo
1,5 ml / ¼ cucchiaio di noci grattugiate
Sale e pepe nero appena macinato

Metti 175 g di burro in una casseruola da 1,75 quarti / 3 parti / 7 tazze e mezzo e sciogliilo ad alta velocità per 2 minuti. Mescolare l'aglio. Forare ogni pezzo di fegato di pollo con la punta di un coltello e disporlo su un piatto. Mescolare bene con il burro. Coprite con un piatto e fate cuocere a fuoco vivace per 8 minuti, mescolando due volte. Incorporate le noci e condite bene a piacere. In due gruppi

Zuppa di granchio calda e acida

Porta 6

Grande contributo dalla Cina, piacere facile.

1 litro / 1 pezzi e ¾ / 4 tazze e ¼ di pollame
225 g/7 once/1 piccola castagna tritata grossolanamente può essere umida
225 g / 7 oz / 1 piccola scatola di germogli di bambù tritati in acqua
75 g di funghi tagliati a fettine sottili
150 g di tofu tagliato a cubetti
175 g / 6 oz / 1 piccolo granchio non salato, non salato e glassato
15 ml/1 cucchiaio di amido di mais
15 ml/1 cucchiaio di acqua
30 ml/2 cucchiai di aceto di malto
15 ml/1 cucchiaio di salsa di soia
5 ml/1 porzione di olio di semi di girasole
2,5 ml/cucchiaino di sale
1 uovo grande

Versare il brodo in una tazza da 2 quarti/3½ quarti/8½. Aggiungi ciotole di castagne d'acqua e germogli di bambù. Aggiungere i funghi, il tofu e il cappuccio delle formiche. Inquietante. Coprire la pirofila con pellicola (plastica) e tagliare due volte per consentire la fuoriuscita del vapore. Cuocere per 15 minuti. Aprire con attenzione per evitare bruciature da vapore e mescolare bene. Mescolare con cura la farina di mais e l'aceto, quindi aggiungere agli altri ingredienti. Mescolare attentamente la zuppa. Coprire come prima e cuocere per 4 minuti interi. Mescolare e coprire con un piatto grande o un coperchio. Lasciare agire per 2 minuti. Servire caldo su piatti di porcellana.

Zuppa orientale leggera

3-4 pasti

400 ml / 16 fl oz / 1 lattina grande di zuppa di coda di bue
Contiene 400 ml/16 once/1 grande latte di cocco
Sale
Peperoncino in polvere
coriandolo tritato
Popadoms, servire

Versare la zuppa e il latte di cocco in una pentola da 1,75 litri. Aggiungi sale a piacere. Scaldare per 7-8 minuti, mescolando due volte. Immergere in ciotole calde, cospargere con peperoncino in polvere e coriandolo e servire con i popadomas.

Zuppa di fegato

Ne indossi 4

50 g/2 once/1 tazza di pangrattato fresco
50 g di fegato di pollo tagliato a pezzetti
15 ml/1 cucchiaio di prezzemolo tritato finemente più per guarnire
5 ml / 1 cucchiaio di cipolla
1,5 ml/¼ cucchiaino di maggiorana
1,5 ml/¼ cucchiaino di sale
Il nuovo posto è pepe nero
½ uovo sbattuto
750 ml / 1 porzione e ¼ / 3 tazze di brodo di puro manzo o pollo o brodo liquido in scatola

Mettete in una ciotola tutti gli ingredienti tranne la zuppa e il brodo. Mescolare bene e formare 12 piccole polpette. Versare il brodo o il brodo in un piatto profondo da 1,5 quarti/2,5 quarti/6 tazze e coprire con un piatto. Portare a ebollizione e cuocere a fuoco lento per circa 8-10 minuti. Aggiungi brodo. Cuocere per 3-4 minuti finché l'impasto non si alza e galleggia in cima alla padella. Disporre su piatti caldi, cospargere di prezzemolo e servire subito.

Zuppa cremosa di carote

Porta 6

30 ml / 2 cucchiai di farina di mais (amido di mais)
Obiettivo grande da 550 g/1¼ f/1
/ 450 ml / ¾ per 2 tazze di latte freddo
7,5-10 ml / 1½ - 2 cucchiai di sale
300 ml/½ porzione/1¼ tazza di acqua calda
60 ml / 4 cucchiai di panna (light).

Metti la farina di mais in una ciotola da 3 quarti / 5¼ quarti / 12 tazze. Mescolare delicatamente il liquido della ciotola con le carote. Frullare le carote in un frullatore o in un robot da cucina. Mettetelo in un pentolino con il latte e il sale. Cuocere per 12 minuti fino a quando non si sarà addensato, mescolando quattro o cinque volte con attenzione per mantenere la consistenza. Mescolare con acqua tiepida. Versare in ciotole calde e guarnire con 10 ml/2 cucchiai di panna.

Zuppa fredda di carote e avena

Porta 6

1 porro grosso, tagliato finemente e lavato bene
4 carote grandi, affettate sottilmente
3 patate medie piccole, tagliate a cubetti
150 ml/¼ pt./2/3 tazza di acqua calda
600 ml / 1 pz / 2½ tazze di zuppa di verdure
300 ml/½ pezzo/1¼ tazza di panna semplice (leggera).
Sale e pepe nero appena macinato
Contenitore fisso

Tagliare saldamente il tubo. Metti ogni verdura in 2 quarti/3½ pt/8½ tazze di acqua bollente. Coprire con pellicola (di plastica) per far uscire il vapore e tagliare a metà. Cuocere per 15 minuti fino a quando le verdure saranno morbide. Versate il liquido della pentola nel frullatore o nel robot da cucina e aggiungete ancora un po' di brodo se necessario. Mettetela in una ciotola capiente e mescolatela con il resto degli ingredienti. Coprire e conservare in frigorifero. Mescolare con cura con la panna e assaggiare prima di servire. Versare la zuppa nelle ciotole e irrorare ciascuna con un po' d'acqua.

Zuppa di carota e coriandolo

Porta 6

Prepara la zuppa cremosa di sedano, ma metti un mazzetto di foglie di coriandolo fresco in un frullatore o in un robot da cucina insieme al sedano. Se lo si desidera è possibile aggiungere la panna.

Carote con zuppa di arancia

Porta 6

Si prepara come per la zuppa di carote, ma durante la cottura aggiungere a metà della zuppa 10 ml/2 cucchiai di scorza d'arancia grattugiata. Servire con panna montata e Grand Marnier.

Zuppa di insalata cremosa

Porta 6

75 g/3 once/1/3 tazza di burro o margarina
2 cipolle, grattugiate
225 g di lattuga morbida tagliata a listarelle
600 ml / 1 pezzo / 2½ tazze di panna
30 ml / 2 cucchiai di farina di mais (amido di mais)
300 ml / ½ pt / 1¼ tazze di acqua calda o brodo vegetale
2,5 ml/cucchiaino di sale

Sciogliere 50 g di burro o margarina in una padella da 1,75 litri per 2 minuti. Mescolare la cipolla e l'insalata. Coprire con un piatto e cuocere per 3,5 minuti. Versare un terzo del latte nel frullatore. Ricicla bene. Torna al piatto. Mescolare con cautela i restanti 60 ml/4 cucchiai di amido di mais nel latte. Aggiungete la zuppa con il restante latte, acqua o brodo caldo e sale. Cuocere a fuoco vivace per 15 minuti, mescolando spesso per ricoprire uniformemente. Aggiungere 5 ml/1 cucchiaino di olio a ciascuno e servire su piatti caldi.

Zuppa di zuppa verde

Servizi 4-6

1 insalata verde tonda
125 g di crescione o spinaci novelli
1 porro, solo la parte bianca, a fette
300 ml/½ porzione/1¼ tazza di acqua calda
60 ml/4 cucchiai di farina di mais (amido di mais)
300 ml / ½ pt / 1¼ tazze di latte freddo
25 g / 1 oz / 2 cucchiai di burro o margarina
Sale
Servire con crostini

Lavare e tritare bene la lattuga e il crescione o gli spinaci. Riempire la fiaschetta da 1,5 litri/2½ litri/6 tazze con acqua. Coprire con pellicola (di plastica) per far uscire il vapore e tagliare a metà. Cuocere per 10 minuti a temperatura alta, girando la teglia due volte. Lasciare raffreddare per 10 minuti. Mettere in un frullatore e frullare fino a ottenere un composto omogeneo. Torna al piatto. Mescolare con cura il latte di mais. Aggiungere il burro o la margarina nella padella e condire con sale a piacere. Cuocere tre volte per 8-10 minuti o finché non sarà ben riscaldato e leggermente addensato. Versare la zuppa calda nelle ciotole e adagiarla sopra le cipolle.

Zuppa di prezzemolo con wasabi

Porta 6

Con il delicato tocco di rafano e wasabi, questa è una zuppa meravigliosamente aromatica e molto speciale, la cui dolcezza proviene solo dalle pastinache.

30 ml/2 cucchiai di olio di mais o di girasole
450 g di pastinache, sbucciate e affettate
900 ml / 1½ pezzi / 3¾ tazze di zuppa o brodo di verdure
10 ml/2 cucchiaini di polvere di wasabi giapponese
30 ml/2 cucchiai di prezzemolo tritato
150 ml/¼ cucchiaino/2/3 tazza di panna (leggera).

Versare l'olio in una pentola da 2 quarti/3½ pt/8½ tazze. Aggiungi le pastinache. Coprire con pellicola (di plastica) per far uscire il vapore e tagliare a metà. Cuocere per 7 minuti, girando la padella due volte. Aggiungere il brodo e la polvere di wasabi. Coprire con un piatto e cuocere per 6 minuti. Raffreddare un po' e frullare nel frullatore fino ad ottenere un composto omogeneo. Torna al piatto. Mescolare il prezzemolo. Coprire come prima e cuocere per 5 minuti interi. Mescolare con panna acida e servire.

Zuppa di patate dolci

Porta 6

Prepariamo la zuppa di pastinaca e prezzemolo con wasabi, ma sostituiamo le patate dolci tagliate a cubetti con la polpa d'arancia.

Zuppa di crema di verdure

Servizi 4-6

Una zuppa molto salutare: usa qualsiasi combinazione di verdure che ti piace o che hai a portata di mano.

450 g/1 libbra di verdure fresche miste
1 cipolla, tritata
25 g/1 oncia/2 cucchiai di burro o margarina o 30 ml/2 cucchiai di olio di semi di girasole
175 ml / 6 once / ¾ tazza di acqua
/ 450 ml / ¾-2 tazze di latte o una miscela di latte e acqua
15 ml/1 cucchiaio di farina di mais (amido di mais)
2,5 ml/cucchiaino di sale
Prezzemolo tritato

Preparare le verdure per tipologia e tagliarle a cubetti. In una ciotola da 2 quarti/3½ pt/8½ tazze, unisci cipolla, burro, margarina o burro e 30 ml/2 cucchiai di acqua. Coprite con un piatto e fate cuocere a fuoco pieno per 12-14 minuti, mescolando quattro volte. Frullare fino a ottenere un composto omogeneo in un frullatore. Ritorna nella pentola con latte o tre quarti di latte e acqua. Mescolare accuratamente con il liquido di mais rimanente e aggiungere sale nella padella. Mescolare quattro volte e cuocere a fuoco pieno per 6 minuti. Versare la zuppa nelle ciotole e cospargere ciascuna con il prezzemolo.

Zuppa di piselli

Servizi 4-6

Preparare la crema per la zuppa di verdure, sostituendo il composto di verdure e cipolle con 450 g di piselli surgelati. Guarnire con pane a fette sottili al posto del prezzemolo.

Zuppa di zucca

Servizi 4-6

Preparatela come zuppa di verdure, ma nella zuppa da 450 g/1 libbra sostituite le verdure e le cipolle con carote, cipolle, noci o sedano. Cospargere ogni porzione con noci grattugiate al posto del prezzemolo.

Zuppa di crema di funghi

Servizi 4-6

Preparate la crema di verdure, sostituendo però il composto di verdure e cipolle con i funghi.

Vellutata di zucca

6-8 pasti

Soprattutto per Halloween, ma la zuppa è molto fredda, quindi congela gli avanzi o preparane una quantità extra durante la stagione della zucca e conservala per l'inizio dell'estate.

1,75 kg di zucca fresca, a fette o intera
2 cipolle, tritate grossolanamente
15-20 ml / 3-4 cucchiai di sale
600 ml / 1 pezzo / 2½ tazze di panna
15 ml/1 cucchiaio di farina di mais (amido di mais)
30 ml/2 cucchiai di acqua fredda
2,5 ml/cucchiaio di noci grattugiate
Crostini per servire (facoltativi)

Taglia la zucca come un'anguria. Togliere i semi, lavarli e asciugarli. Disporre in uno strato su un piatto. Deve essere aperto con attenzione per 4 minuti nella sua forma completa. Lasciare raffreddare, quindi aprire la buccia ed eliminare i semi. Libro. Pulite il forno e tagliate la cipolla a cubetti molto grandi. Mettetela in una ciotola capiente con la cipolla e mescolate bene. Coprire bene con un foglio (pellicola di plastica), ma non tagliare. Cuocere per 30 minuti, girando la padella quattro volte. Togliere dal forno e mettere da parte per 10 minuti. Frullare la zucca, la cipolla e il liquido di cottura in più riprese in un frullatore o in un robot da cucina. Torna al piatto. Mescolare il sale e il latte. Mescolare con cura lo sciroppo di mais e aggiungere la noce moscata. ragazza, non aperta,

zuppa di cocco

6-8 pasti

4 pezzi di pollo
Tagliare circa 4 pinte
1,25 litri / 2 tazze ¼ / 5 tazze ½ di acqua calda
10 ml/2 cucchiai di sale
1 mazzo di buste guarnite
50 g/2 once/¼ tazza di riso a grani lunghi, leggermente cotto
12 coltelli

Lavare il pollo e disporlo in una pirofila profonda 20 cm (forno olandese). Aggiungi una formica. Coprire con pellicola (di plastica) per far uscire il vapore e tagliare a metà. Cuocere per 12 minuti. Togliere il pollo dalla pentola, togliere la carne dalle ossa e tagliarla a pezzetti. Libro. Versare l'acqua nella seconda ciotola grande. Aggiungi il riso, le lenticchie e il liquido nella pentola insieme al sale e all'amido di mais. Coprire con un piatto e cuocere per un totale di 18 minuti. Incorporare il pollo e i gamberi. Coprire come prima e cuocere per altri 3 minuti. Mangia quando fa molto caldo.

Zuppa, zuppa

Porta 6

30 ml/2 cucchiai di orzo perlato
225 g di filetto di agnello, tagliato a cubetti
1,2 litri/2 punti/5 tazze di acqua calda
1 cipolla grande, tritata finemente
1 carota, tritata finemente
1 rapa piccola, tritata finemente
1 porro piccolo, tritato finemente
Sale e pepe nero appena macinato
Prezzemolo tritato

Mettere a bagno l'orzo in 75 ml/5 cucchiai di acqua fredda per 4 ore. Disegnare. Metti l'agnello in una casseruola da 2,25 quarti/4 quarti/10 tazze. Aggiungere l'acqua calda e l'orzo. Coprire con un piatto e cuocere per 4 minuti. Visualizzazione. Aggiungere le verdure preparate, sale e pepe. Coprite come prima e fate cuocere per 25-30 minuti finché l'orzo sarà tenero. Lasciare riposare per 5 minuti. Versare la zuppa calda nelle ciotole e cospargere di prezzemolo.

Zuppa israeliana con pollo e avocado

4-5 pasti

900 ml / 1½ pezzi / 3¾ tazze di delizioso brodo

1 grande avocado maturo, sbucciato e snocciolato
30 ml/2 cucchiai di succo di limone fresco

Versare il brodo di pollo in una casseruola da 1,5 quarti/2½ quarti/6 tazze. Coprite con un piatto e fate cuocere a fuoco vivace per 9 minuti. Schiacciare la polpa di avocado con il succo di limone. Unire la zuppa calda. Coprite come prima e fate cuocere a fuoco vivace per 1 minuto. Servire caldo.

Zuppa di avocado con carne cruda

4-5 pasti

Preparare la zuppa israeliana di pollo e avocado e guarnirla con 7,5 ml/1 cucchiaio e mezzo di scalogno cotto.

minestra

Porta 6

450 g di barbabietole crude

75 ml/5 cucchiai di acqua
1 carota grande, sbucciata e grattugiata
1 piccola rapa, sbucciata e grattugiata
1 cipolla, sbucciata e grattugiata
750 ml / 1¼ pz / 3 tazze di brodo caldo di manzo o vegetale
125 g di cavolo cappuccio bianco, tritato
15 ml/1 cucchiaio di succo di limone
5 ml/1 dose di sale
Il nuovo posto è pepe nero
90 ml / 6 cucchiai di panna (latte).

Lavate bene il cetriolo, ma lasciate la buccia. Disporre uno strato d'acqua in un contenitore del diametro di 20 cm. Coprire con pellicola (di plastica) per far uscire il vapore e tagliare a metà. Cuocere per 15 minuti. Metti le carote, le rape e la cipolla in una ciotola da 2 quarti/3½ quarti/8½ tazze. Scolare, pulire e tagliare a fette. Aggiungere la miscela di erbe a 150 ml/¼ pt/2/3 tazza di brodo. Coprire come prima e cuocere per 10 minuti interi. Incorporate il resto della zuppa e tutti gli ingredienti tranne la panna acida e le spezie. Coprite con un piatto, mescolate quattro volte e fate cuocere a fuoco pieno per 10 minuti. Versare un mestolo in ciotole da zuppa calde e guarnire ciascuna con 15 ml/1 cucchiaio di panna.

Borscht freddo

Porta 6

Preparatelo allo stesso modo del borscht e lasciatelo raffreddare. Filtrare quando è freddo. Aggiungere 150 ml/¼ pt/2/3 tazza di acqua fredda e 1 grande barbabietola cotta, tritata. Lasciare agire per 15 minuti. Sta scivolando di nuovo. Condire con ulteriore succo di limone a piacere. Raffreddare per qualche ora prima di servire.

Borscht freddo freddo

Porta 6

Preparalo come un borscht freddo. Dopo il secondo setaccio, mescolare 250 ml/1 tazza di panna semigrassa in un frullatore o in un robot da cucina. Riposare.

Zuppa di mais all'arancia

4-5 pasti

125 g / 4 once / ½ tazza di mais arancione
1 cipolla grande, grattugiata
1 carota grande, grattugiata
½ rapa piccola, grattugiata
1 patata, grattugiata
20 ml/4 cucchiai di burro o margarina
5 ml/1 cucchiaio di olio di mais o di girasole
30 ml/2 cucchiai di prezzemolo tritato, a piacere, per guarnire
900 ml / 1 porzione e mezzo / 3 tazze e ¾ di brodo caldo di pollo o vegetale
Sale e pepe nero appena macinato

Lavare e asciugare le lenti. Metti le verdure, il burro o la margarina e il burro in una ciotola da 2 quarti/3½ quarti/8½ tazze. Aggiungi il prezzemolo. Mescolare tre volte e cuocere a fuoco pieno per 5 minuti. Unire gli spinaci e un terzo del brodo caldo. Stagione deliziosa. Coprire con pellicola (di plastica) per far uscire il vapore e tagliare a metà. Cuocere per 10 minuti a temperatura alta fino a quando la superficie sarà morbida. (In caso contrario, cuocere per altri 5-6 minuti.) Trasferire in un frullatore o in un robot da cucina e frullare fino a ottenere un composto molto omogeneo. Mettetelo nella ciotola con il resto della zuppa. Coprite con un piatto e fate cuocere a fuoco vivace per 6 minuti, mescolando tre volte. Cospargere ogni porzione con prezzemolo e servire immediatamente.

Zuppa di mais all'arancia con formaggio e anacardi tostati

4-5 pasti

Preparare come zuppa di mais all'arancia, ma dopo il riscaldamento finale aggiungere 60 ml/4 cucchiai di formaggio edamame grattugiato e 60 ml/4 cucchiai di fave di cacao tostate tritate.

zuppa di mais con contorno di pomodoro

4-5 pasti

Si prepara come una zuppa di mais all'arancia, ma cosparsa di prezzemolo, servita con 5 ml/1 cucchiaino di concentrato di pomodoro secco, e poi mescolata con un cucchiaio di pomodoro fresco.

Zuppa Di Piselli Gialli

6-8 pasti

La versione svedese della zuppa di piselli ogni giovedì in Svezia. Di solito pancake e marmellata.

350 g/1 tazza e ½ di ceci sgusciati, sciacquati
900 ml / 1 tazza e ½ / 3 tazze e ¾ di acqua fredda
5 ml / 1 cucchiaio
1 osso, circa 450-500 g/1 f
750 ml / 1 tazza e ¼ / 3 tazze di acqua calda
5-10 ml/1-2 cucchiai di sale

Mettete i piselli tritati in una ciotola. Aggiungi acqua fredda. Coprire con un piatto e cuocere per 6 minuti. Lasciare agire per 3 ore. Versare i ceci e l'acqua di ammollo in una ciotola da 2,5 quarti / 4½ quarti / 11 tazze. Incorporate la maggiorana e aggiungete gli ossi. Coprire con pellicola (di plastica) per far uscire il vapore e tagliare a metà. Cuocere per 30 minuti. Mescolare con metà dell'acqua calda. Coprire come prima e cuocere per altri 15 minuti. Rimuovere l'osso. Rimuovere la carne dalle ossa e tagliarla a pezzetti. Riempire con la rimanente acqua calda della zuppa. Condire con sale a piacere. Mescolare bene. Coprire con un piatto e scaldare per massimo 3 minuti. Se necessario, potete diluire la zuppa con ulteriore acqua bollente.

zuppa di cipolle francese

Porta 6

30 ml/2 cucchiai di burro, margarina o olio di semi di girasole
4 cipolle affettate sottilmente e tagliate ad anelli
20 ml/4 porzioni di farina di mais (amido di mais)
900 ml / 1½ pezzi / 3¾ tazze di manzo o brodo caldo
Sale e pepe nero appena macinato
6 fette di pane francese, tagliate in diagonale
90 ml/6 cucchiai di formaggio groviera (svizzero) o Jarlsberg
Pepe

Metti il burro, la margarina o l'olio in una ciotola da 2 quarti/3½ quarti/8½ tazze. Accendi il fuoco per 2 minuti. Mescolare gli anelli di cipolla nella pentola. Cuocere a fuoco pieno per 5 minuti. Mescolare il mais. Versare gradualmente metà del brodo caldo. Coprire la pirofila con pellicola (plastica) e tagliare due volte per consentire la fuoriuscita del vapore. Cuocere per 30 minuti, girando la pentola quattro volte. Unire il resto della zuppa e assaggiare. Mescolare bene. Versate la zuppa in sei ciotole e mettete in ciascuna una fetta di pane. Cospargere con formaggio e paprika. Rimetti ogni ciotola nel microonde e scalda a fuoco alto per 1,5 minuti finché il formaggio non si scioglie e inizia a formare le bolle. Mangia subito.

Zuppa di verdure italiana

8-10 pasti

350 g di mirtilli rossi (mirtilli rossi), tagliati a fettine sottili
225 g di carote, affettate sottilmente
225 g di cipolla rossa tritata finemente
125 g di cavolo cappuccio bianco, tritato
125 g di cavolo riccio, tritato
3 cipolle rosse, affettate sottilmente
3 patate, a dadini
125 g/1 tazza di ceci freschi o surgelati
125 g di fagiolini freschi o surgelati tritati
400 g / 14 once / 1 pomodoro grande
30 ml / 2 cucchiai di concentrato di pomodoro (pasta)
50 g di pasta tagliata nel senso della lunghezza
1 litro / 1 tazza e ¾ / 4 tazze e ¼ di acqua calda
15-20 ml / 3-4 cucchiai di sale
100 g/1 tazza di parmigiano grattugiato

Metti le verdure preparate in un barattolo da 3,5 litri / 6 pt / 15 tazze. Mescolare il resto degli ingredienti tranne l'acqua e il sale, quindi utilizzare un cucchiaio di legno per spezzettare i pomodori attorno ai lati della ciotola. Coprite con un piatto largo, mescolate tre volte e fate cuocere a fuoco pieno per 15 minuti. Aggiungere tre quarti di acqua calda. Coprire come prima e cuocere per 25 minuti, mescolando quattro o cinque volte. Togliere dal microonde. Mescolare il resto dell'acqua con il sale. Se la zuppa vi sembra troppo densa aggiungete altra acqua bollente. Disporre su piatti fondi e servire con il parmigiano fornito a parte.

Minestrone Genovese

8-10 pasti

Preparatelo come un minestrone, ma aggiungete 30 ml/2 cucchiai di pesto verde già pronto prima di servire.

Zuppa di patate all'italiana

4-5 pasti

1 cipolla grande, tritata finemente
30 ml/2 cucchiai di olio di oliva o di girasole
4 patate grandi
1 piccolo brodo di ossa
1,25 litri / 2¼ tazze / 5½ tazze di brodo di pollo caldo
Sale e pepe nero appena macinato
60 ml / 4 cucchiai di panna (light).
Noci grattugiate
30 ml/2 cucchiai di prezzemolo tritato

Metti la cipolla e l'olio in una pentola da 2,25 quarti/4 quarti/10 tazze. Mescolare due volte e lasciare sciogliere per 5 minuti. Nel frattempo sbucciate e schiacciate le patate. Incorporate la cipolla e condite con brodo di ossa, brodo caldo e, a piacere, sale e pepe. Coprite su un piatto e fate cuocere a fuoco vivace per 15-20 minuti, mescolando due volte, finché le patate saranno tenere. Incorporate la panna acida, versatela nelle zuppe e cospargetela con noci e prezzemolo.

Zuppa di pomodoro fresco e sedano

6-8 pasti

900 g di pomodori maturi frullati, pelati e snocciolati
50 g/2 once/¼ tazza di burro o margarina o 30 ml/2 cucchiai di olio d'oliva
2 cipolle rosse, affettate sottilmente
1 cipolla rossa grande, affettata sottilmente
30 ml/2 cucchiai di zucchero di canna scuro morbido
5 ml/1 porzione di salsa di soia
2,5 ml/cucchiaino di sale
300 ml/½ porzione/1¼ tazza di acqua calda
30 ml / 2 cucchiai di farina di mais (amido di mais)
150 ml/¼ pt./2/3 tazza di acqua fredda
Sherry medio

Frullare i pomodori in un frullatore o in un robot da cucina. Metti il burro, la margarina o l'olio in una ciotola da 1,75 quarti/3 porzioni/7 tazze e mezzo. Riscaldare per 1 minuto esatto. Mescolare con il sedano e la cipolla. Coprire con un piatto e cuocere per 3 minuti. Aggiungete il concentrato di pomodoro, lo zucchero, la salsa di soia, il sale e l'acqua calda. Coprire come prima e cuocere per 8 minuti, mescolando quattro volte. Nel frattempo, mescolare accuratamente il mais con l'acqua fredda. Mescola la zuppa. Cuocere a fuoco pieno per 8 minuti, mescolando quattro volte. Versare la zuppa nelle ciotole e riempire ciascuna ciotola con il sorbetto.

zuppa di pomodoro con salsa di avocado

Porte 8

2 avocado maturi

Succo di 1 lime piccolo

1 cipolla aglio, schiacciata

30 ml / 2 cucchiai di maionese alla senape

45 ml / 3 cucchiai

5 ml/1 dose di sale

Un pizzico di curcuma

600 ml / 20 fl oz / 2 lattine di zuppa di pomodoro concentrata

600 ml/1 pezzo/2½ tazze di acqua calda

2 pomodori pelati, senza torsolo, senza torsolo e tagliati in quarti

Sbucciare e affettare l'avocado, eliminare il seme. Schiacciare la polpa in piccoli pezzi, quindi mescolare con succo di limone, aglio, maionese, crème fraîche, sale e curcuma. Coprire e conservare in frigorifero fino al momento del bisogno. Versare due lattine di zuppa in una pentola da 1,75 litri. Sciacquare accuratamente con acqua. Tagliare la polpa di pomodoro a listarelle e aggiungere due terzi della zuppa. Coprire la padella con un coperchio e cuocere per 9 minuti, mescolando quattro o cinque volte, fino a quando sarà molto caldo. Mestolo nelle ciotole da zuppa e guarnisci con un cucchiaio di salsa di avocado. Guarnire con le restanti fette di pomodoro.

Zuppa fredda di formaggio e cipolle

6-8 pasti

25 g / 1 oz / 2 cucchiai di burro o margarina
2 cipolle, tritate
2 cipolle rosse, affettate sottilmente
30 ml/2 cucchiai di farina semplice (per tutti gli usi).
900 ml / 1½ pezzi / 3¾ tazze di zuppa calda di pollo o verdure
45 ml/3 cucchiai di vino bianco secco o porto bianco
Sale e pepe nero appena macinato
125 g/4 once/1 tazza di formaggio blu
125 g / 4 once / 1 tazza di formaggio di cedro grattugiato
150 ml/¼ pt/2/3 tazza di panna
Affettare sottilmente per la decorazione

Metti il burro o la margarina in una casseruola da 2,25 quarti/4 quarti/10 tazze. Dopo l'apertura, lasciare sciogliere l'impasto entro 1,5 minuti. Mescolare la cipolla e il sedano. Coprire con un piatto e cuocere per 8 minuti. Togliere dal microonde. Mescolare, quindi aggiungere lentamente il brodo e il vino o il porto. Coprite come prima e fate cuocere a fuoco pieno per 10-12 minuti, mescolando ogni 2-3 minuti. Cuocere per un minuto fino a quando la zuppa sarà liscia, densa e calda. Stagione deliziosa. Aggiungere il formaggio e mescolare finché non si scioglie. Coprire e raffreddare, quindi conservare in frigorifero per diverse ore o durante la notte. Prima di servire incorporare la panna e mescolare bene. Versare nei bicchieri o nei piatti e cospargere come di consueto.

Zuppa di formaggio svizzero

6-8 pasti

25 g / 1 oz / 2 cucchiai di burro o margarina

2 cipolle, tritate

2 cipolle rosse, affettate sottilmente

30 ml/2 cucchiai di farina semplice (per tutti gli usi).

900 ml / 1½ pezzi / 3¾ tazze di zuppa calda di pollo o verdure

45 ml/3 cucchiai di vino bianco secco o porto bianco

5 ml/1 porzione di semi di cumino

1 cipolla aglio, schiacciata

Sale e pepe nero appena macinato

225 g/2 tazze di formaggio Emmental o Gruyère (svizzero), grattugiato

150 ml/¼ pt/2/3 tazza di panna

Pirati

Metti il burro o la margarina in una casseruola da 2,25 quarti/4 quarti/10 tazze. Dopo l'apertura, lasciare sciogliere l'impasto entro 1,5 minuti. Mescolare la cipolla e il sedano. Coprire con un piatto e cuocere per 8 minuti. Togliere dal microonde. Mescolare, quindi aggiungere lentamente il brodo e il vino o il porto. Mescolare il latticello e l'aglio. Coprite come prima e fate cuocere a fuoco pieno per 10-12 minuti, mescolando ogni 2-3 minuti. Cuocere per un minuto fino a quando la zuppa sarà calda, liscia e densa. Stagione deliziosa. Aggiungere il formaggio e mescolare finché non si scioglie. Mescolare con panna acida. Versare in bicchieri o piatti e servire caldo, guarnito.

Zuppa Avgolemono

Porta 6

1,25 litri / 2¼ tazze / 5½ tazze di brodo di pollo caldo
60 ml/4 cucchiai di riso per risotti
Succo di 2 limoni
2 uova grandi
Sale e pepe nero appena macinato

Versare il brodo in un piatto profondo da 1,75 quarti/3 quarti/7½ tazze. Mescolare il riso. Coprite con un piatto e fate cuocere a fuoco vivace per 20-25 minuti finché il riso sarà morbido. Sbattere bene il succo di limone e le uova in una zuppa o in un'altra ciotola capiente. Aggiungere con attenzione la zuppa e il riso. Assaggiare prima di servire.

Zuppa cremosa di cetrioli con pastis

6-8 pasti

900 g di cetrioli sbucciati
45 ml/3 cucchiai di burro o margarina
30 ml / 2 cucchiai di farina di mais (amido di mais)
600 ml / 1 pezzo / 2½ tazze di pollo o verdure
300 ml / ½ pt / 1¼ tazze di panna
7,5-10 ml / 1½ - 2 cucchiai di sale
10 ml / 2 cucchiai Pernod o Ricard (pastis)
Il nuovo posto è pepe nero
Cipolle tritate (cipolle)

Tagliate il cetriolo a fettine molto sottili utilizzando una grattugia o un tagliere. Disporre su un piatto e lasciare riposare per 30 minuti per far evaporare parte dell'umidità. Se possibile, asciugatelo su un asciugamano pulito. Metti il burro o la margarina in una casseruola da 2,25 quarti/4 quarti/10 tazze. Dopo l'apertura, lasciare sciogliere l'impasto entro 1,5 minuti. Incorporare la cipolla. Coprite con un piatto, mescolate tre volte e fate cuocere a fuoco pieno per 5 minuti. Mescolare con attenzione il mais, quindi aggiungere il resto.

Aggiungere gradualmente il cetriolo. Cuocere fino quasi al termine. Mescolare tre o quattro volte fino a quando la zuppa sarà calda, liscia e densa. Aggiungere la panna acida, il sale e la colla e mescolare bene. Riscaldare per 1-1 1/2 minuti. Condiscilo in diagonale.

Zuppa di curry con riso

Porta 6

Zuppa di pollo anglo-indiana delicata.

30 ml/2 cucchiai di olio di arachidi o di girasole
1 cipolla grande, tritata finemente
3 cipolle rosse, affettate sottilmente
15 ml/1 cucchiaio di curry delicato in polvere
30 ml / 2 cucchiai di sherry medio secco
1 litro / 1 tazza e ¾ / 4 tazze e ¼ di pollo o verdure
125 g/1/2 tazza di riso a grani lunghi
5 ml/1 dose di sale
15 ml/1 cucchiaio di salsa di soia
175 g di pollo bollito tagliato a listarelle
Servire con yogurt naturale denso o crème fraîche

Versare 25 g in un contenitore da 2,25 L/4 pt/10 tazze. Accendi il fuoco per 1 minuto. Aggiungere la cipolla e il sedano. Mescolare una volta e cuocere a fuoco pieno per 5 minuti. Incorporare il curry in polvere, lo sherry, il brodo, il riso, il sale e la salsa di soia. Coprite con un coperchio e fate cuocere a fuoco pieno per 10 minuti, mescolando due volte. Aggiungi il pollo. Coprire come prima e cuocere per 6 minuti interi. Versare nelle ciotole e aggiungere in ciascuna una cucchiaiata di yogurt o crème fraîche.

Salsa Vichy

Porta 6

Una versione moderna e fredda della zuppa di lenticchie e patate, inventata dallo chef americano Louis Diat all'inizio del XX secolo.

2 perni
350 g di patate sbucciate e affettate
25 g / 1 oz / 2 cucchiai di burro o margarina
30 ml/2 cucchiai di acqua
/ 450 ml / ¾ per 2 tazze di latte
15 ml/1 cucchiaio di farina di mais (amido di mais)
150 ml/¼ pt./2/3 tazza di acqua fredda
2,5 ml/cucchiaino di sale
150 ml/¼ cucchiaino/2/3 tazza di panna (leggera).
Tè a fette sottili per la decorazione

Tagliare le verdure, tagliare la maggior parte delle verdure. Tagliare il resto e lavarlo bene. Ho una lingua spessa. Metti le patate in una padella da 2 litri con burro o margarina e acqua. Coprite con un piatto, mescolate quattro volte e fate cuocere a fuoco pieno per 12 minuti. Mettete nel frullatore, aggiungete il latte e la purea. Torniamo al piatto. Mescolare con cura lo sciroppo di mais e aggiungerlo nella padella.

Condire con sale a piacere. Cuocere per 6 minuti, mescolando ogni minuto. Calmati. Mescolare con panna acida. Coprire bene e conservare in frigorifero. Versare nei piatti e cospargere ogni porzione con il tè.

Zuppa fredda di cetrioli con yogurt

6-8 pasti

25 g / 1 oz / 2 cucchiai di burro o margarina
1 spicchio d'aglio
1 cetriolo, sbucciato e grattugiato grossolanamente
600 ml / 1 pezzo / 2½ tazze di yogurt naturale
300 ml/½ pt/1¼ tazza di latte
150 ml/¼ pt./2/3 tazza di acqua fredda
2,5-10 ml/½ - 2 cucchiai di sale
Pane a fette per la decorazione

Mettere il burro o la margarina in una ciotola da 1,75 L/3 porzioni/7½ tazze. Accendi il fuoco per 1 minuto. Schiacciare l'aglio e aggiungere il cetriolo. Mescolare due volte e cuocere a fuoco pieno per 4 minuti. Togliere dal microonde. Mescolare tutti gli altri ingredienti. Coprire e conservare in frigorifero per alcune ore. Disporre nei piatti e cospargere ogni porzione con pangrattato.

Zuppa fredda di spinaci con yogurt

6-8 pasti

25 g / 1 oz / 2 cucchiai di burro o margarina
1 spicchio d'aglio
450 g di foglie di spinaci baby, tagliati a pezzetti
600 ml / 1 pezzo / 2½ tazze di yogurt naturale
300 ml/½ pt/1¼ tazza di latte
150 ml/¼ pt./2/3 tazza di acqua fredda
2,5-10 ml/½ - 2 cucchiai di sale
Succo di 1 limone
Noci o arachidi tritate per la decorazione

Mettere il burro o la margarina in una ciotola da 1,75 L/3 porzioni/7½ tazze. Accendi il fuoco per 1 minuto. Schiacciare l'aglio e aggiungere gli spinaci. Mescolare due volte e cuocere a fuoco pieno per 4 minuti. Togliere dal microonde. Frullare fino ad ottenere una purea densa in un frullatore o in un robot da cucina. Mescolare tutti gli altri ingredienti. Coprire e conservare in frigorifero per alcune ore. Disporre nei piatti e cospargere ogni porzione con nocciole o noci.

Zuppa di pomodoro fredda con sceriffo

4-5 pasti

300 ml/½ pt/1¼ tazza di acqua
300 ml/10 fl oz/1 Zuppa di Pomodoro Concentrata
30 ml / 2 cucchiai di sherry secco
150 ml/¼ cucchiaino/2/3 tazza di panna (densa).
5 ml/1 porzione di salsa Worcestershire
Tè a fette sottili per la decorazione

Versare l'acqua in una pentola da 1,25 litri / 2¼ pt / 5½ tazze e farla bollire per 4-5 minuti fino all'ebollizione. Aggiungere la salsa di pomodoro. Quando la massa sarà liscia, mescolare accuratamente gli altri ingredienti. Coprire e conservare in frigorifero per 4-5 ore. Mescolare, versare nei bicchieri e irrorare con il tè.

Canna del New England

6-8 pasti

In Nord America la zuppa di vongole viene sempre servita per il pranzo della domenica, è un grande classico, ma poiché le vongole non sono facili da reperire, sono state sostituite con le vongole.

5 strisce (fette) di maiale tagliate a pezzetti
1 cipolla grande, sbucciata e grattugiata
15 ml/1 cucchiaio di farina di mais (amido di mais)
30 ml/2 cucchiai di acqua fredda
450 g di patate, tagliate a cubetti di 1 cm/½
900 ml / 1 tazza e ½ / 3 tazze e ¾ di latte intero
450 g di filetto di pesce bianco duro, sbucciato e tagliato a pezzetti
2,5 ml / ½ cucchiaio
Sale e pepe nero appena macinato

Metti la pancetta in una casseruola da 2,5 quarti / 4½ quarti / 11 tazze. Aggiungere la cipolla e cuocere senza coperchio per 5 minuti. Incorporare con cura lo sciroppo di mais e mescolare nella padella. Incorporate le patate e metà del latte caldo. Mescolare tre volte e cuocere a fuoco pieno per 6 minuti. Aggiungete il restante latte e fate cuocere senza coperchio per 2 minuti. Aggiungere il pesce con le noci e assaggiare. Coprite con un piatto e fate cuocere per 2 minuti finché il pesce sarà tenero. (Non preoccuparti se il pesce inizia ad ammorbidirsi.) Versalo in ciotole profonde e mangialo immediatamente.

zuppa di granchio

Ne indossi 4

25 g/1 oncia/2 cucchiai di burro non salato (dolce).
20 ml/4 cucchiai di farina (per tutti gli usi).
300 ml / ½ pt / 1 ¼ tazze di panna riscaldata
300 ml/½ pt/1 ¼ tazza di acqua
2,5 ml/½ cucchiaino di senape inglese
Un pizzico di salsa di peperoncino
25 g / 1 oz / ¼ tazza di formaggio di cedro grattugiato
Granchio chiaro e scuro da 175 g/6 once
Sale e pepe nero appena macinato
45 ml / 3 cucchiai di sherry secco

Metti il burro in un piatto da 1,75 qt/3 quarti/7½ tazze. Lasciarlo sciogliere per 1 minuto e mezzo. mescolare. Cuocere a fuoco alto per 30 secondi. Mescolare lentamente con latte e acqua. Cuocere a fuoco vivace per 5-6 minuti, mescolando ogni minuto, fino a quando il composto sarà liscio e denso. Mescolare tutti gli altri ingredienti. Cuocere a fuoco pieno per 1,5 minuti, mescolando due volte, fino all'ebollizione.

Zuppa di granchio e limone

Ne indossi 4

Preparatela come una zuppa, ma aggiungete agli altri ingredienti 5 ml/1 cucchiaio di scorza di limone grattugiata finemente. Cospargere ogni porzione con un po' di noce grattugiata.

Crackers di aragosta

Ne indossi 4

Prepara la zuppa di granchio, ma sostituisci il latte con panna semplice (leggera) e la polpa di granchio con un po' di aragosta.

Zuppa di pacchetti secchi

Versare il contenuto della pentola in un barattolo da 1,25 litri/2¼ pt/5½ tazza. Va mescolato gradualmente nella quantità consigliata di acqua fredda. Lasciare ammorbidire le verdure per 20 minuti. Inquietante. Disporre su un piatto e cuocere a fuoco vivace per 6-8 minuti, mescolando due volte, finché la zuppa non bolle e si addensa. Lasciare riposare per 3 minuti. Mescolare e servire.

Zuppe in scatola

Versare la zuppa in un misurino da 1,25 quarti/2¼ pt/5½ tazze. Aggiungere 1 tazza di acqua bollente e mescolare bene. Coprire con un piatto o un piatto e mescolare due volte per 6-7 minuti fino a quando la zuppa bolle. Disporre nelle ciotole e servire.

Riscaldare le zuppe

Per ottenere i migliori risultati, riscaldare zuppe chiare o sottili in zuppe e stufati corposi e cremosi durante la cottura.

Scaldare le uova per cucinare

Se decidi di cucinare all'ultimo minuto e hai bisogno di uova a temperatura ambiente.

Per 1 uovo: Rompi le uova in una piccola ciotola o ciotola. Forare il tuorlo due volte con un coltello o con la punta del coltello per evitare di danneggiare la pelle e rompere il tuorlo. Coprire il piatto o la ciotola con un piatto. Riscaldare per 30 secondi.

Per 2 uova: Circa 1 uovo, ma si riscalda in 30-45 secondi.

Per 3 uova: Fai bollire 1 uovo per 1-1¼ minuti.

L'ha fritto

Li preparano separatamente nei loro piatti.

Per 1 uovo: Versare 90 ml/6 cucchiai di acqua tiepida in una ciotola poco profonda. Aggiungere 2,5 ml/cucchiaino di aceto puro per prevenire lo sbiancamento. Sbattere prima con attenzione 1 uovo in una ciotola. Bucherellare il tuorlo due volte con un coltello o una forchetta. Copri con un piatto e cuoci fino a cottura, da 45 secondi a 1 minuto e ¼, a seconda di come ti piacciono le proteine. Siediti per 1 minuto. Togliere dal piatto con un'affettatrice per pesce a fessura.

2, per uova cotte in 2 modi contemporaneamente: Cuocere completamente per 1 minuto e mezzo. Lasciare agire per 1 minuto e ¼. Se le proteine sono troppo liquide, cuocere per altri 15-20 secondi.

Per 3 uova cotte in tre modi contemporaneamente: Cuocere per 2-2½ minuti. Lasciare agire per 2 minuti. Se le proteine sono troppo liquide, cuocere per altri 20-30 secondi.

Uova sode (fritte).

Il microonde funziona benissimo qui, le uova sono morbide e soffici, sempre con il lato soleggiato rivolto verso l'alto, con strisce bianche che non colano mai. Non è consigliabile friggere più di 2 uova alla volta, perché il tuorlo cuocerà più velocemente dell'albume e diventerà duro. Ciò è dovuto al tempo di cottura più lungo necessario affinché l'albume si solidifichi. Utilizzare porcellana o ceramica non decorata, come in Francia.

Per 1 uovo: Ungere leggermente una pirofila di porcellana o di terracotta con burro fuso, margarina o olio extravergine di oliva. Rompete le uova in una ciotola, quindi sbattetele nella teglia preparata. Bucherellare il tuorlo due volte con un coltello o una forchetta. Condire leggermente con sale e pepe nero appena macinato. Coprire con un piatto e cuocere per 30 secondi. Siediti per 1 minuto. Proseguire la cottura per altri 15-20 secondi. Se la proteina non ha dormito abbastanza, cuocila per altri 5-10 secondi.

Per 2 uova: Per quanto riguarda 1 uovo, prima fatelo bollire completamente per 1 minuto, poi lasciatelo riposare per 1 minuto. Cuocere per altri 20-40 secondi. Aspettate altri 6-8 secondi se gli albumi sono troppo duri.

Parata delle pipe

Ne indossi 4

30 ml/2 cucchiai di olio d'oliva
3 cipolle, affettate molto sottili
2 peperoni verdi (olio), senza semi e tagliati a fettine sottili
6 pomodori pelati, senza torsolo e tritati
15 ml/1 cucchiaio di foglie di basilico tritate
Sale e pepe nero appena macinato
6 uova grandi
60 ml / 4 cucchiai di panna doppia (densa).
Tostare e servire

Versare l'olio in una padella profonda 25 cm/10 e scaldare, senza coperchio, per 1 minuto. Mescolare con cipolla e pepe. Disporre su un piatto e cuocere per 12-14 minuti fino a quando le verdure saranno morbide. Aggiungere i pomodori, il basilico e condire a piacere. Coprire come prima e cuocere per 3 minuti. Sbattere bene le uova e la panna e assaggiare. Mettetela in una ciotola e mescolatela alle verdure. Cuocere a fuoco vivace per 4-5 minuti, mescolando ogni minuto, finché gli ingredienti non saranno leggermente amalgamati. Coprire e lasciare riposare per 3 minuti prima di servire con pane tostato.

Paprica con prosciutto

Ne indossi 4

Preparalo come Piperade, ma metti un cucchiaio sulle fette di pane tostato (salsa) e sopra il prosciutto grigliato (arrostito) o cotto al microonde.

Parata delle pipe

Ne indossi 4

Specie piperada spagnola.

Preparare come Piperade ma aggiungere 2 spicchi d'aglio con cipolla e peperone verde (olio) e aggiungere 125 g/1 tazza di prezzemolo tritato alle verdure cotte. Guarnire ogni porzione con un'oliva a fettine.

Uova alla fiorentina

Ne indossi 4

450 g di spinaci freschi
60 ml/4 cucchiai di panna per la panna montata
4 uova fritte, 2 alla volta
300 ml / ½ pt / 1¼ tazze di salsa o sugo di formaggio caldo
50 g / 2 once / ½ tazza di formaggio grattugiato

Frullare insieme gli spinaci e la panna in un robot da cucina o in un frullatore. Disporre in una pirofila da 18 cm di diametro. Coprire con un piatto e cuocere a fuoco vivace per 1,5 minuti. Mettete sopra le uova e versateci sopra la salsa piccante. Cospargere di formaggio e arrostire su una griglia calda (griglia).

Uova Rossiniane

Sezioni 1

Può essere un piccolo pasto delizioso con un'insalata a foglia.

Le fette di pane integrale vanno fritte (salsa) o tostate. Metti sopra un po' di pasta di fegato gonfiata se ce n'è in eccesso. Servire subito con uova in camicia appena cotte.

Sì

Ne indossi 4

Un'idea israeliana che funziona nel microonde. L'odore è strano.

750 g dolci (melanzane)
15 ml/1 cucchiaio di succo di limone
15 ml/1 cucchiaio di olio di mais o di girasole
2 cipolle rosse, affettate sottilmente
2 spicchi d'aglio, tritati finemente
4 uova grandi
60 ml/4 cucchiai di latte
Sale e pepe nero appena macinato
Servire il pane tostato caldo con il burro

Versate sopra l'impasto e tagliatelo a metà nel senso della lunghezza. Disponetele su un piatto largo con la parte tagliata rivolta verso il basso e coprite con carta da cucina. Cuocere per 8-9 minuti o finché saranno teneri. Frullare la carne direttamente dalla pelle in un robot da cucina con il succo di limone e frullare fino ad ottenere una purea densa. Metti l'olio in una pentola da 1,5 quart/2½ pt/6 tazze. Calore totale e scoperto per 30 secondi. Mescolare la cipolla e l'aglio. Cuocere a fuoco pieno per 5 minuti. Sbattere bene le uova con il latte e le spezie. Versare nella pentola e cuocere con la cipolla e l'aglio per 30 minuti, mescolando ogni 30 secondi. Mescolare la cipolla e l'aglio e aggiungere la purea di patate dolci. Continuare la cottura a fuoco alto per 3-4 minuti, mescolando ogni 30 secondi, finché il composto non si addensa e le uova non vengono incorporate. Servire su pane tostato caldo imburrato.

Una frittata classica

Capitolo 1

Una frittata dalla consistenza leggera che può essere semplice o ripiena.

Burro fuso o margarina
3 uova
20 ml/4 cucchiai di sale
Il nuovo posto è pepe nero
30 ml/2 cucchiai di acqua fredda
Prezzemolo o crescione per la decorazione

Ungere una tortiera da 20 cm di diametro con burro fuso o margarina. Sbattere bene le uova con tutti gli ingredienti tranne la decorazione. (Non è sufficiente rompere leggermente le uova, come nella tradizionale frittata.) Versare in una ciotola, coprire con un piatto e cuocere al microonde. Portare a ebollizione completa per 1 minuto e mezzo. Aprire il composto di uova con un cucchiaio di legno o una forchetta e tirare i bordi parzialmente fissati verso il centro. Coprire come prima e rimettere nel microonde. Portare a ebollizione completa per 1 minuto e mezzo. Continuare a cuocere per 30-60 secondi o finché la parte superiore non si sarà solidificata. Piegare in tre e trasferire su un piatto caldo. Guarnire e servire subito.

Frittate deliziose

Capitolo 1

Frittata al prezzemolo: Preparatela come una classica frittata, ma dopo che le uova saranno cotte per il primo minuto e mezzo, cospargetele con 30 ml/2 cucchiai di prezzemolo tritato.

Frittata con un cucchiaio: Preparatela come una classica frittata, ma dopo il primo minuto e mezzo di cottura, cospargete le uova con 30 ml/2 cucchiai di tè macinato.

Bottiglia d'acqua: Fatela come una classica frittata, ma dopo il primo minuto e mezzo di cottura versate sulle uova 30 ml/2 cucchiai di acqua tritata.

Frittata con buone erbe: Preparatela come una classica frittata, ma dopo che le uova saranno cotte per il primo minuto e mezzo, cospargetela con 45 ml/3 cucchiai del composto di prezzemolo, ciliegie e basilico tritati. Possiamo aggiungere un po' di dragoncello fresco.

Frittata al curry e coriandolo: Preparatela come una classica frittata, ma oltre alle uova, sale e pepe, mantecate con 5-10 ml/1-2 cucchiai di curry in polvere. Dopo che la frittata sarà cotta per il primo minuto e mezzo, cospargere le uova con 30 ml/2 cucchiai di coriandolo tritato.

Frittata con formaggio e senape: Si prepara come una frittata classica, ma si mescolano uova e acqua con sale e pepe fino a ottenere una schiuma spumosa con 5 ml/1 cucchiaio di senape preparata e 30 ml/2 cucchiai di formaggio a pasta dura grattugiato.

Frittata per colazione

capitoli 1-2

La frittata in stile nordamericano viene solitamente servita per il pranzo della domenica. La colazione può essere gustosa e abbondante come una frittata.

Prepara come una classica frittata, ma sostituisci 30 ml/2 cucchiai di acqua con 45 ml/3 cucchiai di latte freddo. Dopo l'apertura, cuocere per 1-1,5 minuti. Piegare in tre e far scivolare con attenzione su un piatto.

Uova in camicia con formaggio fuso

Capitolo 1

1 fetta di pane tostato con burro caldo
45 ml/3 cucchiai di crema di formaggio
Ketchup di pomodoro (gatto)
1 per il pesce
60-75 ml/4-5 cucchiai di formaggio grattugiato
Pepe

Spalmate la crema di formaggio sul pane tostato, poi il ketchup. Mettilo su un piatto. Spennellate la superficie con un uovo in camicia, spolverate con formaggio grattugiato e spolverizzate con la paprika. Sciogliere per 1-1,5 minuti fino a quando il formaggio inizia a sciogliersi. Mangia subito.

Uova di Benedek

capitoli 1-2

Un pranzo domenicale nordamericano non sarebbe completo senza le uova alla Benedict, che infrangono tutte le restrizioni su calorie e colesterolo.

Trasferire in un piatto o in una ciotola e tostare. Disporre sopra la carne di maiale leggermente grigliata, quindi mezzo uovo fresco in camicia. Spalmare con salsa olandese e cospargere leggermente con paprika. Mangia subito.

La frittata di Arnold Bennett

Servizi 2

Si dice che sia stata preparata dallo chef del Savoy Hotel di Londra in onore del celebre autore, una frittata indimenticabile per il grande giorno e le feste.

175 g di eglefino affumicato o filetto di merluzzo
45 ml/3 cucchiai di acqua bollente
120 ml/4 fl oz/½ tazza di crème fraîche
Il nuovo posto è pepe nero
Burro fuso o margarina per spennellare
3 uova
45 ml/3 cucchiai di latte freddo
Pizzico di sale
50 g / 2 once / ½ tazza di formaggio cheddar colorato o Leicester rosso, grattugiato

Metti il pesce in acque poco profonde. Coprire con un piatto e cuocere per 5 minuti abbondanti. Lasciare agire per 2 minuti. Filtrare la polpa con una forchetta e filtrare. Servire con crème fraîche e condire con pepe. Ungere uno stampo da 20 cm di diametro con burro fuso o margarina. Sbattere bene le uova con il latte e il sale. Lo versa nel piatto. Coprire con una placca e cuocere per 3 minuti, spingendo i bordi della cottura verso il centro. Attiva la funzione Full e cuoci per altri 30 secondi. Spalmate con il composto di crema di pesce e spolverizzate con il formaggio. Cuocere a fuoco vivace per 1-1 minuto e mezzo, finché la frittata sarà ben riscaldata e il formaggio sciolto. Dividete in due parti e servite subito.

Tortilla

Servizi 2

La famosa frittata spagnola è rotonda e piatta come una frittella. Si sposa bene con pane tostato o pane, insalata verde chiara.

15 ml/1 cucchiaio di burro, margarina o olio d'oliva
1 cipolla rossa, affettata sottilmente
175 g di patate lesse tagliate a cubetti
3 uova
5 ml/1 dose di sale
30 ml/2 cucchiai di acqua fredda

Mettere il burro, la margarina o l'olio in una pirofila profonda 20 cm/8 cm e scaldarlo al tatto per 30-45 secondi. Mescolare con la cipolla. Coprite con un piatto e lasciate cuocere Tine per 2 minuti. Mescolare le patate. Coprire come prima e cuocere per un minuto intero. Togliere dal microonde. Sbattere bene le uova con sale e acqua. Versarvi sopra uniformemente la cipolla e la patata. Cuocere a fuoco pieno per 4,5 minuti, girando la padella una volta. Lasciarlo riposare per 1 minuto, quindi tagliarlo a metà e posizionare ciascuna porzione su un piatto. Mangia subito.

Frittata spagnola con verdure miste

Servizi 2

30 ml / 2 cucchiai di burro, margarina o olio d'oliva
1 cipolla rossa, affettata sottilmente
2 pomodori pelati e affettati
½ peperone verde o rosso piccolo, tagliato a fettine sottili
3 uova
5-7,5 ml/1-1 cucchiaio di sale
30 ml/2 cucchiai di acqua fredda

Mettere il burro, la margarina o l'olio in una padella profonda 20 cm e scaldare per 1,5 minuti. Mescolare la cipolla, il pomodoro e il peperone tritato. Coprire con un piatto e cuocere per 6-7 minuti fino a quando sarà morbido. Sbattere bene le uova con sale e acqua. Versare uniformemente sulle verdure. Coprite con un piatto e fate cuocere per 5-6 minuti finché l'uovo non si sarà indurito, girando la padella una volta. Dividetelo in due parti e disponete ciascuna su un piatto. Mangia subito.

Frittata spagnola con prosciutto

Servizi 2

Prepara una frittata spagnola con verdure miste, ma aggiungi 60 ml/4 cucchiai di prosciutto spagnolo tritato e 1-2 spicchi d'aglio schiacciato alle verdure e cuoci per altri 30 secondi.

Uova al formaggio in salsa di sedano

Ne indossi 4

Un pasto veloce per pranzo o cena, ottimo anche per i vegetariani.

6 uova sode (sode) con il guscio e tagliate a metà
300 ml/10 fl oz/1 tazza di zuppa di sedano concentrata
45 ml/3 cucchiai di panna
175 g / 6 once / 1 tazza e ½ di formaggio cheddar grattugiato
30 ml/2 cucchiai di prezzemolo tritato finemente
Sale e pepe nero appena macinato
15 ml/1 cucchiaio di pangrattato tostato
2,5 ml/½ cucchiaino di paprika

Disporre metà dell'uovo ad una profondità di 20 cm. Mescolare con cura la zuppa e il latte in una ciotola o un piatto separato. Scaldare per 4 minuti, mescolando ogni minuto. Mescolare metà del formaggio e scaldare finché non si scioglie in 1-1 1/2 minuti. Aggiungete il prezzemolo a piacere, quindi versatelo sull'uovo. Cospargere con il formaggio rimasto, il pangrattato e la paprika. Tostare sotto una griglia calda (griglia) prima di servire.

Fu unung uova

Servizi 2

5 ml/1 cucchiaio di burro, margarina o olio di mais
1 cipolla rossa, affettata sottilmente
30 ml/2 cucchiai di ceci lessati
30 ml/2 cucchiai di fagioli cotti o in scatola
125 g di funghi a fette
3 uova grandi
2,5 ml/cucchiaino di sale
30 ml/2 cucchiai di acqua fredda
5 ml/1 porzione di salsa di soia
4 cipolline (scalogno), affettate sottilmente

Mettete il burro, la margarina o l'olio in una teglia profonda 20 cm/8 cm e lasciate riposare l'impasto scoperto per 1 minuto. Mescolare con la cipolla tritata, coprire su un piatto e friggere per 2 minuti. Mescolare con ceci, germogli di soia e funghi. Coprire come prima e cuocere per 1,5 minuti. Toglilo dal microonde e dovrebbe essere pronto. Sbattere bene le uova con sale, acqua e salsa di soia. Versare uniformemente sulle verdure. Cuocere per 5 minuti, girando due volte. Siediti per 1 minuto. Tagliateli a metà e posizionateli ciascuno su un piatto caldo. Guarnire con cipollotti e servire subito.

Frittata con pizza

Servizi 2

Nuova pizza frittata piatta al posto della pasta lievitata.

15 ml/1 cucchiaio di olio d'oliva
3 uova grandi
45 ml/3 cucchiai di latte
2,5 ml/cucchiaino di sale
4 pomodori pelati, senza torsolo e affettati
125 g/4 once/1 tazza di mozzarella
Olio in 8 lattine
8-12 olive nere denocciolate

Mettete l'olio in una padella profonda 20 cm e fate scaldare l'impasto per 1 minuto a fuoco medio. Sbattere bene le uova con il latte e il sale. Versare nella pentola e coprire con un coperchio. Disporre i bordi segnati al centro della teglia e cuocere per 3 minuti. Attiva la funzione Full e cuoci per altri 30 secondi. Spalmare con pomodoro e formaggio, guarnire con acciughe e olive. Cuocere per 4 minuti, girando due volte. Tagliare a metà e servire subito.

Frittata con latte

Ne indossi 4

1 moquette nuova, pulita e tagliata in strisce da 8 pollici
30 ml/2 cucchiai di aceto di malto
3 carote, affettate sottilmente
3 cipolle rosse, affettate sottilmente
600 ml/1 porzione/2 tazze e mezzo di acqua bollente
10-15 ml/2-3 cucchiai di sale

Lavare la carpa, quindi immergerla in acqua fredda con abbastanza aceto da coprire il pesce. (Questo rimuoverà il sapore fangoso.) Mettere in una pentola da 23 cm di diametro/9 pollici di profondità con la lattuga e la cipolla, acqua bollente e sale. Coprire con un foglio di alluminio (di plastica) per rilasciare il vapore e tagliare a metà. Cuocere per 20 minuti, capovolgendo (Le verdure possono essere usate altrove nel brodo o devono essere cotte a vapore.) Versare il liquido nella pentola. Disporre la carpa in un unico strato. Coprire come prima e cuocere per 8 minuti. Girare la padella due volte. Lasciare riposare per 3 minuti. Tagliare la stuoia con uno spelucchino in un piatto piano. Coprire e far raffreddare. Versare il liquido in un bicchiere e fare raffreddare finché non diventa leggermente gelatinoso. Versare la gelatina sul pesce e servire.

Sta prendendo in giro Eric

Ne indossi 4

75 g di albicocche secche
150 ml/¼ pt./2/3 tazza di acqua fredda
Ho comprato un panino con 3 cipolle affettate
150 g/5 once/2/3 tazza di crème fraîche
Foglie di insalata mista
Sfoglia

Lavare le prugne e tagliarle a pezzetti. Mettere in una ciotola di acqua fredda. Coprite con un coperchio e fate cuocere per 5 minuti. Lasciare riposare per 5 minuti. Disegnare. Tagliare i panni a rullo in strisce. Aggiungere la cipolla e la crème fraîche alle prugne. Mescolare bene. Coprire e marinare in frigorifero per 4-5 ore. Servire su una foglia di lattuga con pane tostato.

Kipper bollito

Capitolo 1

Il microonde impedisce agli odori di entrare in casa e le aringhe rimangono succose e tenere.

1 aringa non verniciata, circa 450 g

120 ml/½ tazza di acqua fredda

Aglio o margarina

Tagliare il cappuccio ed eliminare la coda. Mettere a bagno in acqua fredda per 3-4 ore in più giri per ridurre la salinità, filtrare se necessario. Mettilo in una ciotola d'acqua grande e poco profonda. Coprire con pellicola (di plastica) per far uscire il vapore e tagliare a metà. Cuocere per 4 minuti. Servire su un piatto caldo con un po' di burro o margarina.

Gamberetti Madrasah

Ne indossi 4

25 g/1 oncia/2 cucchiai o 15 ml/1 cucchiaio di olio di arachidi

2 cipolle, tritate

2 spicchi d'aglio, tritati finemente

15 ml/1 cucchiaio di curry piccante in polvere

5 ml / 1 cucchiaio

5 ml/1 cucchiaino di garam masala

Succo di 1 lime piccolo

150 ml/¼ pt/2/3 tazza di brodo di pesce o vegetale

30 ml / 2 cucchiai di concentrato di pomodoro (pasta)

60 ml / 4 cucchiai di uva sultanina (uvetta dorata)

450 g/1 libbra/4 tazze di gamberetti con guscio (gamberetti), congelati o scongelati

175 g/6 once/¾ tazza di riso a grani lunghi cotto

I miei ghiaccioli

Metti il burro chiarificato o l'olio in un piatto profondo 20 cm. Accendi il fuoco per 1 minuto. Mescolare bene la cipolla e l'aglio. Cuocere a fuoco pieno per 3 minuti. Aggiungere il curry, il cumino, il garam masala e il succo di limone. Mescolare due volte e cuocere a fuoco pieno per 3 minuti. Aggiungere la zuppa, il concentrato di pomodoro e il sale. Coprire con una teglia e cuocere per 5 minuti interi. Se necessario scolare i gamberi, quindi aggiungerli nella padella e mescolare. Cuocere a fuoco vivace per 1 minuto e mezzo. Servire con riso e immergere.

Il Martini è cotto con salsa

Ne indossi 4

8 filetti da 175 g ciascuno, lavati e asciugati
Sale e pepe nero appena macinato
Succo di 1 limone
2,5 ml/cucchiaio di salsa Worcestershire
25 g / 1 oz / 2 cucchiai di burro o margarina
4 pulito, pulito e riparato
100 g di prosciutto cotto, tagliato a fette
400 g di funghi tagliati a fettine sottili
20 ml/4 porzioni di farina di mais (amido di mais)
20 ml/4 porzioni di latte freddo
250 ml/8 fl oz/1 tazza di brodo di pollo
150 g/¼ tazza/2/3 tazza di panna (leggera).
2,5 ml/½ cucchiaino di zucchero di canna (fino).
1,5 ml/¼ cucchiaino di curcuma
10 ml/2 porzioni di bianco martini

Condire il pesce con sale e pepe. Marinare nel succo di limone e nella salsa Worcestershire per 15-20 minuti. Sciogliere il burro o la margarina in una padella. Aggiungere i semi e friggerli fino a renderli morbidi e trasparenti (salsa). Aggiungere il prosciutto e i funghi e cuocere per 7 minuti. Mescolare il mais con il latte freddo e aggiungere gli altri ingredienti. Riempire le bolle e ricoprirle con bastoncini da cocktail (stuzzicadenti). Disporre in un piatto fondo del diametro di 20 cm. Spalmare con il composto di funghi. Coprire con pellicola (di plastica) per far uscire il vapore e tagliare a metà. Cuocere per 10 minuti.

www.ingramcontent.com/pod-product-compliance
Lightning Source LLC
Chambersburg PA
CBHW071851110526
44591CB00011B/1373